千葉勝美

憲法判例と裁判官の視線

その先に見ていた世界

有斐閣

はしがき

一三年ほど前、『野生の視線』という写真集を自費で出版したことがある。三〇年以上に亘り、野鳥の写真撮影を趣味としてきた私が、デジタル・カメラ時代が到来した折、スティール・カメラで撮り貯めた野鳥の写真を一冊の本にしたものである。野鳥撮影は、野鳥の眼に太陽光が入り（これを「キャッチライトが入る」という。）生き生きとした表情を見せてくれたときの姿を捉え、それを、美しくぼかしたフィールドを背景としながら（超望遠レンズでの撮影では、背景まではピントが合わず、美しくぼけるが、その対比が重要である。）、全体を一枚の絵として切り取る作業である。写真の良し悪しは、主役ともいうべき野鳥のくっきりした表情と、背景として野鳥を包み込むフィールド、すなわち野鳥が住む自然の四季の移ろいとの調和によって決まるのであり、『野生の視線』の狙いはそこにある。

ところで、私は、最高裁判事の立場にいた約六年八か月間を含め約四五年間、裁判官として多くの憲法問題を扱ってきたが、その対象となるテーマのダイナミズムに圧倒されながらも、あるべき憲法判断を夢中で追い求めてきた思い出がある。そこでは、暗闇を照らす的確な憲法判断を行うためには、テーマ自体の理解のために参考となる憲法解釈・憲法判例や憲法理論をしっかりとフォローすることが必要であるが、その際に、テーマ自体についての法的判断を形成する過程での背景事情、すなわち、当該事案において「司法部の立ち位置」をどう考えて臨むべきかを真剣に考え抜くことこそが重要であることを実感させられてきた。なぜなら、野鳥撮影と同じように、対象となる憲法問題自体の理論的あるいは憲法学的検討（いわば第一次的な精神的作業）だけではなく、それを支える背景事情ともいうべき「司法部の立ち位置」をどう考えて臨むのかが、憲法判断の意味と価値を決定的なものにするからである。特に、最高裁の憲法判断、とりわけ、その多数意見は、司法部による違憲立法審査権の行使の結論であり、それが、政治的対立の激しい問題や国民の間に存在する多様な価値観の一つを選択する結果になるものであって、我が国の社会、政治等に広い範囲で大きな影響力を及ぼすことになるため、そのような憲法問題自体と、その背景事情ともいうべき「司法部の立ち位置」とを必死で見つめる視線をいつも持ち続けなければならないことを教えられてきた。

ここでいう「司法部の立ち位置」とは、①憲法が保障する基本的人権の擁護を使命とする司法部の役割についての考え方、②三権分立の下での対立法府、対行政府との緊張関係を踏まえた司法部の違憲立法審査権の在りようについての理解、及び③様々な意見が錯綜し価値観の対立が大きな社会的・政治的テーマについて、その憲法判断が将来の我が国社会をどのような姿に導くことになるのかを念頭に置きつつ、国民全体の認識を探り、司法部がいつの時点で、どのような形で乗り出すべきか、それが、多くの国民の理解と信頼を勝ち得ることになるのかについての情勢の分析等に関する考え方をいう（以下、この三つの要素を、一つ一つ切り出して言及する際には、「司法部の立ち位置①」等と表記する。）。

戦後七〇年を超える最高裁の憲法判例の軌跡を辿りながら、最高裁判事が、この「司法部の立ち位置」をどのように考えて違憲立法審査権を行使してきたのか、すなわち、どのようにして憲法判断の本質を捉え、悩みながら判例形成を続けてきたのかを探ることは、形成された憲法判例の視線の先にどのような世界の到来を期待し見ていたのかを探ることでもある。そして、そのことにより、真の意味で、最高裁における憲法判断のダイナミズムを浮き彫りにすることになろう。しかしながら、具体的な事件において、「司法部の立ち位置」についてどのような検討がされ、激論が交わされてきたのかについては、直接公にされたものはなく、このような観点からの分析は見られなかった。

私は、憲法問題については、これまで、最高裁判事としての約六年八か月を含め、実務家として比較的多くの関わりを持ってきており（＊）、また、幸いなことに、最高裁の憲法判例の形成における歴代の多くの最高裁判事の議論やその足跡を直接・間接に見てきた経験がある。

＊私は、昭和五九年一〇月から平成元年五月まで憲法の司法試験委員を務め、また、同年一二月に孝橋宏、豊澤佳弘の二名と共同で「欧米諸国の憲法裁判制度について」（司法研究報告書四三輯一号）をまとめたほか、後記のとおり、最高裁判事及び最高裁調査官等として、最高裁の裁判実務に合計一三年余関与した経験がある。

ここでは、これらを踏まえ、第一部として、「最高裁における憲法判例形成の実情等」と題して、判例形成に至る標準的な手順や評議の実情等の概略を紹介する。その上で、第二部として、「戦後七〇年の最高裁の憲法判例の展開から見る『司法部の立ち位置』の素描――憲法判例と裁判官の視線～その先に見ていた世界」と題して、戦後七〇年余に及ぶ最高裁憲法判例のうち時代を画した主要なものを一三件、七つのテーマを取り上げ、それぞれの憲法判例が形成された背景事情を、当時の時代背景等を踏まえて、私なりに探ってみることとした。この第二部が本書の中核部分となる。

ところで、本書は、私の最高裁判事時代に関与した憲法判例の補足意見等を素材にしてまとめた著書である『違憲審査――その焦点の定め方』（有斐閣、二〇一七年）の「はしがき」で述べたのと同様に、最高裁判例の解説や法律学上の論文などではなく、最高裁判事等として、事案の解決、立法府に対する司法部の関与の在り方、学者との視点の違いや共通点等、色々悩み抜いて日々を過ごした経験を踏まえた上で、最高裁の憲法判例の形成において、各裁判官が、司法の立ち位置を踏まえ、その視線の先にどのような世界を見ていたのかについて、私なりの見方を紹介するものである。この見方は、従前の憲法学者の方々が指摘し、解説してきたものとは一致しないものも多いが、私の見方の論拠となる学説等の資料を引用して憲法論的な論争を挑むようなものではなく、私が感じたそれぞれの裁判官の思いをその法思考と共に紹介するものである。その思いの熱さ、心の中の小さな叫びを感じとっていただければ幸いである。

なお、第二部で紹介する憲法判例一三件及び七つのテーマは、戦後の歴史的な順序に従ってはいない。それは、本書のような試みがこれまでにはなかったため、できるだけその意図が分かりやすいテーマから始めようとしたからである。

仮に、七つのテーマを歴史的な順序で並べるのであれば、Ⅴ―Ⅵ―Ⅲ―Ⅳ―Ⅰ―Ⅱ―Ⅶとなる。

二〇一九年七月

千葉勝美

目次

第一部　最高裁における憲法判例形成の実情等――　一

Ⅰ　最高裁憲法判例（多数意見）形成の背景事情
――形成過程での議論等　……　三
一　大法廷事件の評議の実情と多数意見の形成　三
二　最高裁の憲法判断を評価する視点　六

Ⅱ　最高裁憲法判例における合憲性審査基準の呈示の仕方と裁判官の思考方法　……　一一
一　最高裁憲法判例における合憲性審査基準
――利益衡量と厳格な基準による審査　一一
二　合憲性審査基準の全体像を必ずしも明示しない理由　一四
三　法理の全体像を示さずに厳格な基準による審査を行った例　二三

Ⅲ　「司法部の立ち位置」と最高裁の憲法判断における多数意見……………二八
一　「司法部の立ち位置」と最高裁憲法判例の軌跡　二八
二　「司法部の立ち位置」が考慮される具体的な場面　三一

第二部　戦後七〇年の最高裁の憲法判例の展開から見る「司法部の立ち位置」の素描――憲法判例と裁判官の視線～その先に見ていた世界――三七

Ⅰ　社会に根を下ろし、国民から信頼される司法を実現するために――レペタ法廷メモ事件大法廷判決と矢口洪一長官らの眼差し……………三八
一　背景事情　三八
二　本件の事案の概要　四〇
三　本件大法廷判決（多数意見）の概要　四〇
四　本件大法廷判決（多数意見）の憲法判断の位置付け　四九
五　最高裁大法廷の憲法判断の先に一五人の裁判官が見ていた世界――矢口長官らによる多数意見と四ツ谷裁判官の意見との対比　五四

Ⅱ　立法裁量と違憲立法審査権との相克……………………………………六九
――国籍法違憲訴訟大法廷判決の際の激論
一　問題の所在　六九
二　争点①（「準正」要件の合憲性）に関する多数意見の考え方　七三
三　国籍法三条一項の準正要件を違憲とした多数意見の位置付け　七七
四　争点②についての多数意見と反対意見との激しい対立　八〇
五　個別の人権救済を図る司法部の機能と立法裁量　八二
――司法部の立ち位置
Ⅲ　保革の政治的対立と公務員労働事件を巡る司法部の立ち位置……………九五
――横田喜三郎長官らと石田和外長官らが見ていた世界の相違
一　問題の所在　九六
二　違法な公務員の争議行為に対する刑事罰の可否についての司法部の判断の変遷（その一）　九八
三　違法な公務員の争議行為に対する刑事罰の可否についての司法部の判断の変遷（その二）　一〇四

四　このような判例変更がされた要因は何か？　一〇八
五　全逓東京中郵事件大法廷判決等から始まる判例変更の歴史的位置付け　一三〇
Ⅳ　司法部と立法府との対決……………………………………………………一三六
——定数訴訟の幕開け
一　問題の所在　一三六
二　昭和三九年参議院議員定数訴訟大法廷判決の評価　一四〇
三　昭和五一年衆議院議員定数訴訟大法廷判決の登場とその先進性　一四五
四　昭和五一年衆議院議員定数訴訟大法廷判決が出現した要因等　一六八
Ⅴ　高度の政治性を有する問題と司法部の違憲立法審査の在り方…………一七七
——日米安保条約の違憲審査において「統治行為論」等を採用した背景事情等
一　砂川事件の背景事情　一七七
——日米安保条約の締結・改正と砂川事件の勃発
二　砂川事件の概要　一七九
三　砂川事件大法廷判決の法理と多数意見等の先に裁判官が見ていた世界　一八一

Ⅵ　衆議院解散の効力と司法部による介入の是非……………………二一〇
一　苫米地事件の事案の概要等　二一〇
二　多数意見の統治行為論とその評価　二一四
三　四名の裁判官の「意見」とその評価　二一七
四　多数意見と意見とにおける司法部の立ち位置　二一八
Ⅶ　今日の社会における平等原則の重みと変遷する国民意識の把握…………二二三
——従前の審査基準の限界と修正は？
一　問題の所在　二二三
二　嫡出でない子の法定相続分の区別に関する大法廷決定　二二五
三　再婚禁止期間規定違憲大法廷判決　二五二
おわりに　二五八
事項索引（巻末）
判例索引（巻末）

第一部　最高裁における憲法判例形成の実情等

最高裁の憲法判例を個別に取り上げる前に、どのようにして憲法判例が形成されるのか、裁判官の物の考え方はどのようなものか等、判例形成の実情を御理解いただく必要があるので、ここでは、本書の第一部として、まずこれらを具体的に紹介しておきたい。各憲法判例の検討は、それを踏まえた上で、第二部で行うこととする。

Ⅰ　最高裁憲法判例（多数意見）形成の背景事情

──形成過程での議論等

一　大法廷事件の評議の実情と多数意見の形成

1　標準的な評議の実情

私は、平成三年六月から同七年三月までに最高裁調査官（行政・労働事件担当）を経験し、その後、同一七年一二月から三年間は最高裁首席調査官を務め、同二一年一二月から同二八年八月まで最高裁判事を務めており、その間、最高裁の大法廷事件の評議に数多く関与してきた。大法廷の評議の仕方に一定普遍のルールがあるわけではないが、近時、ここでの評議がどのように行われ、どのように多数意見が形成されていくのか、その標準的な評議の実情の概略を紹介しておきたい。

(1)　配付資料等

上告事件は、まず、それが係属した小法廷から、重要な憲法問題等があることを理由に大法廷に回付され、そこで大法廷事件としての第一回目の評議が行われる。その際には次の資料等が事前に配付される。

①　一審及び控訴審の各判決書の写し、上告理由書、上告受理申立理由書、及び被上告人側から提出された反論の意見書を綴った基本的な資料。

②　担当調査官（小法廷係属時からの担当調査官一名ないし二名、民事・行政・刑事別に置かれる上席調査官のうちの一名及び首席調査官）作成の大法廷評議用の調査報告書。そこでは、事案の概要、本件の論点の整理、それについての原審等の判断の要約、これまでの判例、学説の詳細な紹介、各論点についての調査官による検討（原則として、考え得る複数の見方や問題点等が公平な立場で整理され紹介される。）、その他各種参考資料等とその写しがまとめられた大部のものとなっている。

③　小法廷係属の際の事件の主任裁判官は、大法廷回付後も主任を務めるが、その裁判官が第一回評議に際して作成した、比較的簡単に論点等を整理し、論点や事件の処理方針等に関して言及した意見メモ。

(2)　大法廷事件の評議の仕方等

評議では、裁判長である長官が進行役を務めるが、第一回評議では、その時点での各裁判官の意見が、任命順に長官から見て右回りで（時には左回りで）順に発言され、最後に長官が意見を述べることが多い。裁判官の中には、その時点では意見を留保する人もいる。その後、全体で、自由に質問や意見交換がされるが、通常一対一での激しいやりとりはなく、第二回評議以降に続くことになる。

ところで、大法廷の評議は、最高裁発足直後の黎明期は別として、評議の場で激論が戦わされることはほとんどなく、多くは、評議以外の場で（評議期日外で）、裁判官が、担当調査官や同僚の裁判官と個別に非公式に議論を重ね、その結果自分の意見をまとめてそれをメモにして担当調査官に渡し、調査官がそれを次回の評議までに報告書の形に整えて全員に配付することが行われる。そこでは、他の意見に対する疑問、反論、自説の根拠となる理論展開等が綴られることが多い。そのほか、テーマ等によっては、このような文書のやりとりという形でなく、随時の自由な意見交換もあり、また、もちろん、評議において口頭での議論の積み重ねがされることもある。

2　多数意見の形成

(1)　多数意見については、その社会的・政治的影響が大きいことから、その形成過程で、様々な意見交換がされる。そこでは、憲法のどの条項、どの憲法理念が問題となるのか、規制される基本的人権等の性質やそれに対する立法裁量の幅等についてどう考えるのか等が問題となり、それを踏まえた上で、どのような合憲性審査基準や判断指標を採用すべきか、また、前記のとおり「司法部の立ち位置」をどう考えるべきか、さらに、司法部として立法府に対し立法的手当を求める場合には立法府が速やかにそれに従った対応をするために司法部なりにどのような工夫をすべきか等について、公式、非公式に複数回検討が重ねられる。

その後、それを踏まえてたたき台となる判決文案（多数意見案）が主任裁判官の指導の下、担当調査官等の協力を得て作成され、それを多数意見を採る裁判官はもちろん、多数意見に与しない裁判官にも配付して更に評議をし、判決文案についての意見等が出され、それらを踏まえて、最高裁としての最終判断ともいうべき多数意見が確定される。次に、確定した多数意見を前提として、裁判官が更に個別に意見を述べることがあり、各裁判官が、自ら補足意見、意見、反対意見を起案して、個別意見が確定される（＊）。

＊　補足意見等の個別意見の意味については、私の著書『違憲審査――その焦点の定め方』六頁の説明を参照されたい。

このような過程を経て形成された憲法判断は、最終的には、判決文として結実し、それこそが最高裁の公式の最終的判断となる。その内容は、一字一句が公にされ、一般の批判に晒されるのであって、それに耐えるものでなければならず、完結したものである。

⑵　このように多数意見形成の背景事情等については、評議の場で発言や検討がされることもあるが、それ以外にも、多数意見を形成する裁判官の中で、全員ないし特定の裁判官による意見交換や非

公式なメモのやりとりがされる。また、多数意見を採る裁判官の間で意見交換する過程で、意見の違いが浮き彫りになったりして、相互に疑問点を呈示し、調整等が難航するなどして、個別の議論、協議を重ねるものが多い。しかしながら、多数意見形成の背景事情等の内容や過程等は、そもそも公にすることを予定してはいない。

このように、最高裁大法廷判決においては、その多数意見の形成過程、その背景・背後にある諸事情、考え方等には直接触れないことも多いが、憲法上・法律上の論点については、それぞれの判断の内容・理論展開について、判決文において明確に説示しており、判決としては、これで足りるものである。

二　最高裁の憲法判断を評価する視点

1　憲法判例の評価の姿勢

ところで、今日、最高裁の憲法判断が示されると、各分野において、様々な反応、評価がされるが、そこでは、多数意見の意味するところをしっかりと把握し、その内容を吟味した上での対応が期待されるところである。そうではなく、例えば、社会的弱者を擁護することこそが司法部の役割であるとして、その一点のみで結論を見て消極的あるいは積極的評価をするものや、基本的人権の擁護をないがしろにしているとして，その結果のみからその姿勢を非難するものや，その逆に被害者保護という視点があるというだけで積極的に評価するものも見られる。しかしながら，多数意見の形成の背景事情としては，前記のとおり，一言で言えば，憲法判例のように，社会的・政治的に意見の対立が激しいテーマに関する判断となるため，「司法部の立ち位置」を踏まえた様々な事情を考慮する必要があり，世の中の大きな流れ，国民の意識の変容，司法に対する期待や思惑等を踏まえた慎重な判断と状況を見つめた上での処理，すなわち，これらの様々な考慮要素を多面的，複眼的に考慮して結論を出すのである（＊）。そのため，一刀両断的な歯切れの良い説示にはなかなかなり難いところである。これらの様々な考慮要素を多面的，複眼的に考慮することなく，理念論や特定の考え方だけで一部の要素のみを強調し，明快過ぎるような内容となっている見解は，司法部の判断とは本来無縁なものといわざるを得ない。したがって，そのような判断を期待しそれを評価し，それこそが在るべき裁判官の法思考であり司法の役割であるというような見解を基にする判例への批判については，最高裁の憲法判断（特に多数意見）の的確な評価の視点とは異なるものであるように感じられる。

＊　裁判官の物の見方については，ミクロの検討（当該事案の適正妥当な解決を追求する。）とマクロの視点（その判断が他の事件や社会全体にどのような影響を及ぼし，それが将来の社会の在り方にどのような繋がりを生じさせるかを考える。）が必要であり，複眼的な眼（いわばトンボの眼）でみることが必要である。この点は，前記『違憲審査――その焦点の定め方』の「は

しがき」を参照されたい。

2 多数意見の形成過程等の理解とそれに基づく当該判決の評価

(1) 最高裁の憲法判例〔多数意見〕において、その多数意見形成に至るプロセス〔背景事情〕については、一般的にも、判例研究という観点からも、興味あるテーマであろう。

この点について、多数意見形成のプロセスを知ることの意味等について、赤坂幸一・九州大学准教授は、藤田宙靖元判事の論稿を引用しながら〔次の『 』が引用部分である。〕、次のように問題点を指摘している（＊）。

「『最高裁判事としての活動は、何も個別意見の執筆のみに限られるわけではなく、むしろ多数意見を形成し、その柱となったケースこそが重要』なのであって、〔中略〕そうであるとすれば、この多数意見がどのように形成・導出されるのかは、一般的にも、また個々の判例研究にとっても、極めて興味のある理論的課題である。しかし、下級裁を含め、裁判書に示された最終的な判断が形成されるまでの具体的経過は、評議の秘密〔裁判所法七五条〕との関連で直ちに解明することが難しく、少なくとも一定の時間が経過するまでは、学術的検討の対象になりにくい。〔中略〕近年、オーラルヒストリーあるいは史料研究〔中略〕という地道な手法によって、最高裁の多数意見の形成過程が徐々に解明されつつあるが、〔以下略〕」として、多数意見の形成過程の事情が公にされることに、期待感を示しておられる。この御指摘は、私としても一般的には十分に納得できるところである。

＊「司法制度改革へのアンビヴァレンス──竹﨑博允」渡辺康行ほか編『憲法学からみた最高裁判所裁判官』（日本評論社、二〇一七年）三六二〜三六三頁。

(2)　しかしながら、この問題については、私の経験を踏まえて若干付言すると、次のように考えている。

多数意見の形成過程の事情には様々なものがある。例えば、国民全体の認識の動向や司法部が価値観の対立の激しいテーマに「法原理機関」として乗り出すことに多くの支持・共感を得られるか等についての情勢判断（司法部の独りよがりにならないかの判断）、我が国の社会経済が今日のグローバルな情勢を踏まえ、それがどのように展開していき、司法部の判断がどのようなプラス・マイナスの効果を及ぼすかの見込み（司法部の判断が、将来的に見て、政治的経済的歴史的分野にどのような波及効果を及ぼすか）、立法府や行政府が司法部の判断に的確に対応できるための司法部なりの工夫、多数意見形成のための相互の意見調整やその対応等があり、それ自体、様々な論議や憶測を呼ぶ性質のものであって、それらの中には、これを公にすることにより、要らぬ誤解や党派的な批判が巻き起こるなど、一定の弊害も予想されないではない。

また、最高裁判事が退官後にオーラルヒストリーや回想録等を残すことについても、それが判事の内心の考えにすぎないもの、時間の経過によって記憶の正確性、公平性の検証し難いものもあり、事後の事情から（無意識に）考え直したものも含まれることがあり、無条件にオーラルヒストリー等を考慮要素にできるかについても様々な考え方があるように思われる。

さらに、多数意見の形成過程との関係で、その背景事情が真に多数意見の評価に直接関係する事情であり、公にしておく価値と必要があるという判断であれば、それは、そもそも補足意見で対応できるはずだという考え方もあろう。

(3) いずれにしろ、過去の憲法判例の多数意見の評価は、判決文を熟読吟味することこそが基本であり、場合によっては補足意見が「司法部の立ち位置」との関係で触れている点をも参考にすることが基本であって、それを踏まえ、当該事件の事案の内容、性質、当時の事件を取り巻く社会的・政治的諸事情や歴史的経緯等をも斟酌して、裁判官が熟慮したであろう「司法部の立ち位置」についての諸事情等を、事後に検討し、そのような形成過程を総合して検討した結果に基づき、当該判決を位置付け、評価をすべきものなのではなかろうか。

(4) 結局、「司法部の立ち位置」をどう考えたのかについては、以上のような実証的な観点から、推論しながら検討していくしかないのであって、それを踏まえて、当該判決をその時代の流れの中で評価していくべきものであろう。

Ⅱ　最高裁憲法判例における合憲性審査基準の呈示の仕方と裁判官の思考方法

一　最高裁憲法判例における合憲性審査基準
――利益衡量と厳格な基準による審査

1　昭和五〇年以降の最高裁が採用する合憲性審査基準の概要

最高裁の違憲立法審査制度については、基本的人権、特に精神的自由を規制する法令等についての合憲性審査基準がよく問題になるが、この点については、時代により今日まで変遷ないし深化が見られるところである。

昭和五〇年以降では、合憲性審査基準につき、利益衡量、厳格な基準による審査といった考え方が米国の判例法理に倣って採用されるようになってきており、また、憲法一四条の平等原則違反の有無の審査については、区別を生じさせる制度の合理性の有無が判断基準となり、その具体的な審査のための判断指標としては、いわゆる「合理的関連性のテスト」（立法目的に正当性・合理性があるか、及び区別を定める規定内容を実現するための手段として立法目的との間に合理的関連性があるかどうか、を検討するもの）が用いられるようになってきている。

ところで、最高裁憲法判例に関し、合憲性審査基準における利益衡量と厳格な基準による審査との関係について、この問題を整理して解説をしたものとしては、成田新法事件大法廷判決（最大判平成四年七月一日・民集四六巻五号四三七頁）についての私の判例解説（平成四年度最高裁判例解説・民事篇二二〇頁以下）がある。これを最高裁第二小法廷判決における私の補足意見として示したものとして、公務員の政治活動の国家公務員法・人事院規則違反に対する刑罰の適否が争われた堀越事件判決（最二小判平成二四年一二月七日・刑集六六巻一二号一三三七頁）と世田谷事件判決（同一七二二頁）があり、ここでの考え方は、今日の最高裁の共通認識となっている。

2　利益衡量論と厳格な基準による審査との関係～堀越事件の私の補足意見

この点については、私は、前記の堀越事件判決の補足意見で一定の説明をしているが、ここで改めてその内容を紹介しておきたい。

(1)　近年、具体的には昭和五〇年以降の最高裁憲法判例においては、基本的人権、特に精神的自由を規制・制限する法令の合憲性を審査するに当たっては，多くの場合，それを明示するかどうかは別にして，一定の利益を確保しようとする目的のために制限が必要とされる程度と制限される自由・権利の内容及び性質，並びにこれに加えられる具体的制限の態様及び程度等がどのような利益・不利益をもたらすのかを具体的に比較衡量するという「利益衡量」の判断手法を採ってきており，その際の判断指標として，事案に応じて一定の厳格な基準（明白かつ現在の危険の原則，不明確ゆえに無効の原則，必要最小限度の原則，ＬＲＡの原則，目的・手段における必要かつ合理性の原則など）ないしはその精神を併せ考慮したものがみられる。利益衡量という手法を用いる場合，比較するものが同質のものであればともかく，そうではない異質なものや，数値等の客観的な指標等で表せないものを衡量することは，そのための共通の基準ないし判断の枠組みを用いない限り，主観的ないし恣意的になり，理屈抜きで結論を押し付けることにもなりかねない。そこで，利益衡量を行う場合に，それが何を指針にしどのような視点で行うのかを示すこととし，これにより恣意的ではない一定の客観性を獲得しようとしたものである。それは，憲法の精神を踏まえ，どのような要素を重視し，どのような事情が審査の基本的な判断を基礎付ける要素となるのかを，事柄の性質に沿って呈示したものである。特に精神的自由に繋がる基本的人権の制限については，安易に行われないように，合憲性判断の指標・枠組みとしてこれらを機能させなければならないのであり，これが，正に，講学上厳格な基準といわれるものの本質ないし概念であると考える。

(2) このような厳格な基準とされるものは、事柄の性質等に応じて複数あり得るが、その活用については、アプリオリに、表現の自由の規制措置の合憲性の審査基準としてこれらの全部ないし一部が適用される旨を一般的に宣言するようなことをしないのはもちろん、例えば、「ＬＲＡの原則」などといった講学上の用語をそのまま用いることも少ない。また、これらの厳格な基準のどれを採用するかについては、規制される人権の性質、規制措置の内容及び態様等の具体的な事案に応じて、その処理に適切なもの、必要なものを適宜選択して適用するという態度を採っており、さらに、適用された厳格な基準の内容についても、事案に応じてその内容を変容させ、あるいはその精神を反映させる限度に止めるなどしている。例えば、「よど号乗っ取り事件」新聞記事抹消事件大法廷判決（最大判昭和五八年六月二二日・民集三七巻五号七九三頁）、税関検査事件大法廷判決（最大判昭和五九年一二月一二日・民集三八巻一二号一三〇八頁）、前記の成田新法事件大法廷判決等々が挙げられよう。詳細は、成田新法事件大法廷判決についての私の判例解説（前記平成四年度最判解・民事篇二三三頁以下）を参照されたい。

二　合憲性審査基準の全体像を必ずしも明示しない理由

最高裁が憲法判断を行う場合、前述のように、その合憲性審査基準の全体像を一般的に示す処理をすることは必ずしも多くなく、また、厳格な基準の指標の呈示も、その全体ではなく、必要な限度に止めたり、講学上の概念を示す表現をそのまま用いることをせずに、その精神を敷衍する程度で終わらせることが多い。このため、憲法学者の方々から、最高裁がどのような合憲性審査基準を採用しているのか、複数の審査基準が示されているが、それらは相互にどのような関係にあるのか、審査基準は変更ないし修正されてきているのか、そもそも学説の見解を否定しているのか等、最高裁の統一的な審査基準を観念し難く、最高裁は、合憲性の審査基準について、組織的かつ体系的に基準を構築することを放棄し、事案毎にアドホックに判断しているのではないか等々の疑問・批判も見られる。この疑問等は一面では正鵠を射ているともいえるが、これには裁判の本質と関連する問題が存在している。それは次のような理由によるものであろう。

1　付随的審査制における対応

我が国における違憲立法審査制は、いわゆる付随的審査制を採っており、具体的な事件を処理するのに必要な場合に、必要な限度で憲法判断をしている。そのため、当該事案の処理の範囲を超えて、法理の全体像を示したり殊更に厳格な基準の指標を示し、その詳細な説明を行うことは避けることが多くなる。これは、判決文の本来的な性質によるものであって、憲法学の論文とは本質的に異なる点である。

2　判例法理の全体像を展開することに慎重な理由

(1)　判例法理の全体像を示すことは、憲法問題についての最高裁の考え方、姿勢を明らかにすることであるから、事案の処理に必要がないとしても考え方の全体像、基本となる考え方を明らかにすべきであるという見解もあろう。しかしながら、裁判所が用いる憲法判断における厳格な基準は、まず、当然に事案により異なり、また、国民の価値観の動向や社会的・政治的状況の変化等により、様々な展開を示すことが想定され、将来的に不変不動なものではない。判例法理の全体像を示すことは、法理を一般化した形で示すことであるので、それは、必要以上に裁判所の判断の枠組みを固定してしまい、自らの手を縛ることになりかねず、柔軟な対応がし難くなる。そのため、法理の全体像を示してしまうと、それをそのまま適用することが不適当な事案が生じた場合、その都度、大法廷判決で判例変更する必要が生じて、司法部の判断の安定性を阻害することにもなりかねない。そもそも、学説とは異なり、過去の判例法理が、時代の変遷等により維持し難くなった場合でも、それを破棄するには、その点を主要な争点とする適当な事件が上告されてこなければならず、破棄まで長い年月を要し、従前の判例法理がそのまま続くという事態も想定される。加えて、先例を破棄する際には、価値判断的なものであっても、従前と異なる基準を採用した理由を逐一説明しなければならなくなり、それが対立を増幅させることもあり得よう。

このことは、憲法判例に限ったことではなく、その他の判例についても、また、最高裁のみならず下級裁においても、必要以上に一般的な形で判例法理を展開し呈示すると、それが一人歩きし、又は新たな状況や想定外の事情が生じた場合には対応しきれなくなり、その都度法理の修正、変更の必要が生ずることがあり、最終的には当該判例が取消し・破棄され、判例変更が繰り返されることにもなるため、一般に慎重に対処しているところである（＊）。そのような理由から、裁判実務としては、その射程を広げ過ぎないように、一般法理ではなく、「事例判例」としたり、あるいは「場合判例」に止める処理がされることが多い（この点につき、前記『違憲審査――その焦点の定め方』六一頁以下「判例法理の射程の範囲」の項を参照）。

＊　例えば、「介護施設の職員は、収容している高齢者が、施設内で事故に遭うことのないように、日常生活における安全に配慮する義務がある。」という一般的な判例法理を呈示すれば、それがどのような状況下で起きた事故であるのか、施設の人的物的体制と収容している高齢者の身体的精神的状況等とは関係なく、常に職員の安全配慮義務を肯定すべきことになりかねない。適正な法的判断としては、具体的な事案を踏まえた個別の判断や、高齢者介護が大きな社会問題となって今日的な大きな課題となっている状況等をどう評価して義務違反の判断がどのような社会的波及効果を及ぼすことになるのか等についての慎重な見極めが必要なはずである。

(2)　そもそも裁判ないし判例法理は、憲法学上の一般法理、憲法理論の体系的な紹介とは性質上異なる面があり、法理を定立すること自体が役割ないし目的ではない。その点は、学者と実務家との間で、考え方が決定的に異なる点であって、この乖離は埋まらないものであろう。

3　裁判官の思考方法との関係

(1)　裁判官の思考方法の特徴

そもそも法的判断を行う場合、まず一般法理を定立し、それに事実を当てはめて最終的な法的結論を導き出すという三段論法的な思考方法に関しては、学者においては当然であろうが、裁判官においては、これとは異なるものである。すなわち、裁判官は、法理がまずあるのではなく、事実認定とそれを基にした最も適正な事案の解決は何かをまず直感的に（リーガルマインドにより）考え、次にそれを説明し得る法理や理論、解釈を採ることができるかを検証することにより裁判を行っているのであり、両者には基本的に異なる点がある。

このテーマについて、平成二九年七月一五日に早稲田大学で開催された憲法学会の一つである「憲法理論研究会」のミニシンポジウムにおいて、私が報告をしているが、そこでは、学者出身であると同時に、裁判官としてのエートスを有して裁判に臨んだ次の二名の最高裁判事がキャリアの裁判官の思考方法について両者の違いを述べているところを紹介した。

《伊藤正己判事の考え方》

伊藤正己判事については、私は、学生時代、大学での英米法の講義を受けた経験があるが、その際に披露された、次のようなお話が強い印象として残っている。

「裁判官の判断の過程について、知人の実務家の数人から話を聞いたところ、民事事件においては、事実関係が明らかになれば、どちらを勝たせるかの結論がまず直感的に形成される。その後、それをどのように理論的に説明していくのか、説明できるのかを検証しながら考えるという思考順序で判決が出来上がる。これとは逆に、まず法解釈や法理論を前提にして、それに事実を当てはめ、その結果、結論が決まるという三段論法のような手順をとるのではない、という話であったので、学者とは異なる判断手法であり驚いた。」

この話は、私がその後判事補に任官し、東京地裁で裁判実務を経験する過程で、正に実感として受け止められるものであった。

前記のエピソードだけですべてを判断してはいけないが、伊藤正己『裁判官と学者の間』（有斐閣、一九九三年）一二三頁等において、このような学者的思考と裁判官的思考との違いが論じられており、伊藤正己「憲法学と憲法裁判」公法研究五九号（一九九七年）三三六頁でも、『学者も事実のもつ規範力を無視するわけではないが、解釈論としてそれにとらわれる程度は低いのに対し、裁判官は既成事実に対し過度の重視をする傾向がある』と述べられている。

《藤田宙靖判事の考え方》

同じく学者出身の藤田宙靖判事も同様で、同判事が、裁判の本質は「適正な紛争解決」であることを大前提として裁判に正面から向き合っており、裁判や訴訟がどうあるべきかについて、概念論から始めて具体的な裁判へと降りるのではなく、具体的な事実を基に適正な解決を探り、それが裁判の本質論となるという逆の流れで事件を処理してきたと述べられており、私もご一緒に仕事をした折にその点を認識しているところである。同判事が退官後に著された『最高裁回想録』（有斐閣、二〇一二年）、『裁判と法律学』（同、二〇一六年）等の記述、例えば、『最高裁回想録』の「第四章　学者と裁判官の間で」一三五頁以下では、学者と裁判官の間の「思考経路の違い」としてこの点を指摘しておられる。概略を紹介すると、『学者が唱える《学説》と、裁判官の《裁判（判決あるいは決定）》との間には、恐らく、その思考経路において、かなり大きな違いがある。（中略）裁判官にとっては、まず何よりも、目の前にある当事者間の現実の争いについて、そのいずれかに軍配を挙げることこそが基本的な課題なのであって、しかもそれを、できるだけ速やかに行わなければならない。そしてその場合の決定基準は、いわば、一重に《適正な紛争解決》であるかどうかなのである。』というくだりがある。

以上のとおり、裁判においては、事案を前提にしたより良い解決策を見付け出すことが最優先課題であり、それを説明する過程で判例法理が必要な限度で呈示されるという構造であって、憲法判例もそのような基本姿勢によって形成されているのである（*）。

＊この点につき、憲法理論研究会における私の講演録である同編『岐路に立つ立憲主義（憲法理論叢書㉖）』（敬文堂、二〇一八年）中の「司法部の立ち位置と最高裁憲法判例の展開」七三頁以下を参照されたい。

(2)　リチャード・ポズナー氏のいう「法プラグマティズム」

裁判官としての経験を有し、とりわけ「法と経済学」の分野でのめざましい業績で著名な、法哲学者でもある米国のリチャード・ポズナー（Richard A. Posner）氏は、過去に成立した判例、制定法等から現在の事実に適用されるべき法的ルールが引き出されると考える思考方法をフォーマリズム（formalism）として批判した上で、適用の候補となる法的ルールの中から、それを現在の事実に採用した結果が最善となるものを探った上で法的ルールを決定すべきであるという考え方、すなわち、現在の事実からルールを考えるべきことが裁判官に要求されるとし、これが「法プラグマティズム（legal pragmatism）」の核心であるという趣旨の見解を述べている（＊）。この見解は、正に裁判官の思考方法、思考順序を示すものであって、同感である。

＊亀本洋教授の詳細な論説「リチャード・ポズナーの法プラグマティズム」法律論叢九一巻一号（二〇一八年）七五頁以下は、裁判官の法思考の本質を突いたもので、共感する点が多く、本文の記載は、この論説についての私なりの関心と理解を基にまとめたものである。なお、原典としては、Richard A. Posner, The Problems of Jurisprudence, Cambridge, Massachusetts and London, England: Harvard University Press, 1990 がある。

三　法理の全体像を示さずに厳格な基準による審査を行った例

厳格な基準を用いた利益衡量による判断において、法理の全体像を示さずに処理したと私が考えている大法廷判決の例は、前記のとおり少なくない。ここでは、三つの判例を取り上げて説明を加えてみたい。

◎前記の「よど号乗っ取り事件」新聞記事抹消事件大法廷判決

この判決は、昭和四四年（一九六九年）の国際反戦デー闘争中に公務執行妨害罪等の容疑で逮捕され未決勾留中の者が、監獄法三一条二項等によって閲読していた新聞の記事の一部が墨で塗りつぶされたことから、その処分が憲法二一条等に違反するとして争われた事件について言い渡されたものである。合憲性審査に際しては、私権と公共の福祉という図式での比較ではなく、具体的な制限の態様・程度等を前提にした利益衡量が行われ、また、被拘禁者の閲読等の自由の制限においても、監獄内の秩序維持等の目的を達成するために真に必要と認められる限度に止めている点や、その制限が許されるためには、秩序等が害される一般的、抽象的なおそれがあるというだけでは足りず、具体的事情の下において、秩序維持等のために放置できない程度の障害が生ずる相当の蓋然性が認められることが必要であり、かつ、その制限の程度は、必要かつ合理的な範囲に止まるべきものと解すべきであるとしている。これらは、「必要最小限度の原則」や「明白かつ現在の危険の原則」そのものではなく、そのため、厳格な基準による審査としては不徹底であるという学者からの批判も見られる。しかし、その基本精神を考慮した上、講学上の用語を使用した一般的な基準の定立というよりも、その精神を踏まえて事案に即した説示を展開しており、実質的には、厳格な基準の採用ないしはその精神の反映とみてよいであろう。

◎前記の成田新法事件大法廷判決

この判決は、いわゆる成田闘争が行われていた折、空港敷地内の団結小屋の使用禁止命令による集会の自由という精神的自由の規制の許否が問題になった事例である。ここでは、「よど号乗っ取り事件」新聞記事抹消事件の大法廷判決を引用し、合憲性審査基準として、利益衡量論を採用した上で、多数の暴力主義的破壊活動者の集会の自由（この集会は、凶器準備集合罪のいわば予備罪にも当たるともいえるものである。）と、新空港等や航空機の航行の安全の確保、すなわち多数の乗客の生命・身体を守る利益との比較衡量がされたが、後者の安全の確保は高度かつ緊急の必要性があるので、天秤が最初から大きく傾いており、容易に結論が出るものであった。そこで、利益衡量の対象となる事実関係を詳細に摘示し、いわば事実をもって語らせることとし、使用禁止命令は、公共の福祉による必要かつ合理的なものであり、憲法二一条一項に違反しないと判示したものである。厳格な基準等の審査基準の全体像を示さない簡潔な説示に止めているのは、それゆえである。

◎市営住宅暴力団排除事件判決（最二小判平成二七年三月二七日・民集六九巻二号四一九頁）

(1)　最後に、私が最高裁判事時代に裁判長として関与したこの事件において、合憲性審査基準を法理としてどの程度示したのかについて、若干の説明を付加しておきたい。

この事件では、市営住宅条例について、入居者が暴力団員であることが判明した場合に市営住宅の明渡しを請求することができる旨の条項（本件条項）の合憲性（憲法一四条及び二二条違反の有無）が争われた。

事案は、暴力団員が現に他に住宅を賃借し、当該住宅には両親のみが住んでおり、また、入居の際には、名義人又は同居者が暴力団員であることが判明したときは、直ちに市営住宅を明け渡す旨の誓約書も提出されているというものであった。

(2)　最高裁第二小法廷は、憲法二二条違反の主張については、次のように判断した。

暴力団員が市営住宅に入居し続ける場合には、他の入居者の生活の平穏が害されるおそれがあり、他方において、本件条項により制限される利益は、暴力団員が社会福祉的観点から供給される市営住宅に入居し又は入居し続ける利益であり、また、自らの意思により暴力団を脱退することが可能であり、市営住宅の明渡しをせざるを得ないとしても、当該市営住宅以外における居住について制限を受けるわけではない。これらの点に照らすと、本件規定による居住制限は、公共の福祉による必要かつ合理的なものであることが明らかであり、憲法に違反しない。

(3)　このように、本判決は、合憲性審査基準について簡潔な、しかも古めかしい説示に止めた判文となっており、審査基準を呈示しているとは言い難いものとなっているが、その理由は、次のようなものと考える。

居住の自由は、経済的自由の性格を持つとともに、人身の自由の側面を持ち、意思・思想の伝達や集会への参加等の自由とも繋がる可能性があり、精神的自由や幸福追求権とも関連する。そのため、基本的人権の規制立法の合憲性審査の基準・手法をどのように、あるいはどの程度利用するかが問題となり、利益衡量論による審査の必要性が生ずる。

憲法二二条が保障する居住の自由は、「公共の福祉に反しない限り」という留保が付いていることから明らかなように、表現の自由等のいわゆる精神的自由そのものとは異なり、一般には、その規制法令の合憲性審査に「厳格な基準」まで要求されるものではない。しかし、居住の自由は、前記のとおり、精神的自由や幸福追求権とも関連する面があるので、公共の福祉という観点から広く規制を許容することには慎重でなければならない。すなわち、規制の根拠である「公共の福祉」の中味を吟味する必要があり、具体的にそこでどのような権利利益を守ろうとしているのかを見るべきであって、その点で、利益衡量による慎重な審査が求められるものである。

以上を踏まえ、利益衡量による検討をしてみると、次のようになろう。

本件の具体的な内容を見ると、そこでの自由は、市営住宅という市が住居の確保に困難な市民のために特別に社会福祉的観点から用意したものに暴力団員が入居する自由であり、広く居住の自由一般を制限するものではなく、また、市営住宅への入居が本来市民全員に一般的に保障されたものでもない。そもそも市営住宅の提供、貸与の運用には、事柄の性質上、市側に広い裁量がある事項である。そして、暴力団員が抗争等により事件を起こしたり、暴力団員が一見してそれと分かる服装等で頻繁に住宅に出入りする事態が多く生じ、そのため、周辺住民、特に同じ共同住宅に住む者にとって、不安感を生じさせることになり、それにより住民の生活の平穏を大きく害する蓋然性があるものである。このような暴力団員への市営住宅の貸与を制限する本件条項において、市営住宅入居について失われる暴力団員の自由、利益の内容・程度と、市営住宅の貸与を断ることにより市側が得る（守る）利益等を衡量すれば、利益衡量の優劣が明らかであり、厳格な基準（LRA等）を持ち出すまでもない。すなわち、利益衡量が恣意的にされるおそれもなく、容易に正しい結論が出るものである。

そうすると、精神的自由の規制の面がないとはいえない条例であるから、利益衡量による合憲性審査を行うとしても、総合的な判断の中で利益衡量的な観点をも踏まえた簡潔な説示で処理することにしたものであろう。判決文では、居住の自由を制限する面があっても、その自由は極めて限定されたもので、市営住宅の提供という市側の社会福祉的な施策の持つ意味等とを衡量した上で、本件規定による居住規制の必要性、合理性は明らかであると説示するに止めているが、それはこのような理由によるものであろう。

(4)　要するに利益衡量の手法の用い方も事項・事案によりけりであって、常に法理の全体像を示しているものではないといえよう。

Ⅲ 「司法部の立ち位置」と最高裁の憲法判断における多数意見

一 「司法部の立ち位置」と最高裁憲法判例の軌跡

1 多数意見が没個性的で定型的に見える理由

⑴ 最高裁憲法判例において、少数意見が明快で個性的であり、時に自由奔放な説示も見られるのと比べ、多数意見については、没個性的で定型的なものが多い（補足意見についても程度の差はあるが同様である）とする指摘ないし評価がある。

ところで、最高裁の憲法判例においては、争点となっている憲法的価値の内容や当時の社会的・政治的状況を踏まえ、各裁判官において、前記（「はしがき」ⅱ頁）で説明した「司法部の立ち位置①、②及び③」をどう考えるかが大きな影響を及ぼすものである。特に多数意見は、それが最高裁としての結論であるため、この司法部の立ち位置について多方面からの様々な検討が重ねられ、調整されることが多い。加えて、司法部として立法府に対し立法的手当を求める場合には、立法府が速やかにそれに従った対応をしやすくなるような司法部としての工夫も重要である。例えば、(ア)判決言渡しの時期をどうするか、(イ)違憲・無効の判断をした後の立法府の対応についてその方向性を示唆するか（違憲とされた当該条項だけの改廃で足りるのか、法制度全体の見直しが必要であるのか等）、(ウ)現時点では合憲であるが放置すると違憲になる場合、その趣旨の警告を発するかどうか等々である。

多数意見の中核となる裁判官においては、多数意見の形成過程で、このような諸要素を多方面からあれやこれやと検討し議論がされるが、その性質上、そのまま公にするのに相応しくないものも多くなり、そのため個性的な意見となりにくいという傾向が生じよう。

(2)　また、結論のみならずその理由も、最高裁の最終判断となる憲法解釈であることから、たまたま当該事件の構成員の多数の一致した意見というよりも、それが公正で普遍的な見解であるからこそ多数を占めたものであるということを示そうという考えも根底にあるのであろう。そのため、多数意見の全員が了解するのは困難となるような「個性を際立たせる」見解ではなく、多くの裁判官が了解し賛成しやすいオーソドックスな考え方を骨格にしてまとめ、客観性があり正当であることを表そうとする心情が働くという面もあろう。なお、裁判官の法服の色が黒であるのは、多くの国において共通であるが、これは、裁判官が他の何物にも影響されないためと説明されている。しかし、私は、我が国においては、それに加え、個性を隠し、普遍的な見解に近いものとみられるようにする意図が加わっているのではないかと考えている。

2 時代を画した最高裁憲法判例と司法部の立ち位置

しかしながら、「司法部の立ち位置」を考えて行動する最高裁（多数意見）が、常に、没個性的、抑制的、定型的な判示に終始するとは限らない。欧米諸国の憲法判例の展開を歴史的に辿ってみると、多数意見が、時代の動き、政治状況等を見て、あるときは柔軟にあるいは抑制的な姿勢を採り、またあるときは、激動の渦の中で透徹した情勢分析と決断力を発揮し、毅然として立法権に切り込んでいって合憲性審査を行う等により、国民の信頼の獲得と課題の克服を行うなど、時代とともに歩んできた軌跡も見られるところである（＊）。

我が国において、これと同様な軌跡があったのかどうかは、今後検討していくべき課題といえそうである。

＊ この点を研究したものとして、前記の私ほか二名による司法研究報告書「欧米諸国の憲法裁判制度について」があり、その内容を要約したものとして、前記の私の著作『違憲審査——その焦点の定め方』一六三頁「Ⅷ　欧米諸国の違憲審査のダイナミズム」の項がある。

なお、二〇一五年六月二六日に言い渡された米国連邦最高裁の同性婚禁止違憲判決法廷意見（多数意見）では、ケネディ判事が起草した美文の判決文が社会的に大きな注目を集めた。

すなわち、同性婚を訴える申立人らの望みは、文明の最も古い制度から閉め出されて孤独の内に生きるべしという宣告をされないことであり、憲法は、彼らに同性婚の権利を付与しているのだ、と説示したものである。これは、同性婚を認めるべきか否かという米国の国論を二分するテーマに対して、同性婚は、憲法上の自由として守られるべき尊厳のある人権であるとして、一方の価値観を積極的に支持したものであるが、我が国の憲法訴訟の歴史にはないこの明快さはどこから来るのか注目されるところであり、我が国の司法部との関係で考えさせられる出来事でもある（この点について私がコメントしたものとして、法の支配（日本法律家協会機関誌）一八六号（二〇一七年）の巻頭言参照）。

二　「司法部の立ち位置」が考慮される具体的な場面

1　当該事件の解決を第一次的に考える思考方法と憲法判断

学者が行う判例の紹介、評価は、第一次的には理論的な観点からの検討であるため、通常は、まず、関係する憲法解釈や憲法理論、先例となるべき判例法理を選び出し、それを踏まえて、当該事件についての憲法判断の当否等についての検討を行うことになり、いわば三段論法的な思考順序でされることが多いと思われる。

しかしながら、先に紹介したように、実務家としての思考方法によれば、憲法訴訟であっても、他の訴訟と同様に、第一次的に重要なのは、当該事件の適正妥当な解決を図ることであるから、具体的な事案内容である事実を認定し、事案の最も重要な論点、争点が何か、当事者が司法にどのような判断・解決を期待するかを考え、どのような判断・解決が正義に適う適正妥当な処理なのかを探っていくことになる。そして、最終的な憲法判断をする際に、「司法部の立ち位置①～③」をどう考えるかが問題となる。

それがどのようにされるのかについては、第二部で具体的な最高裁大法廷判決の憲法判断を取り上げ、詳しく見ていくことにするが、ここでは、例を挙げながら、問題状況を簡単に説明しておきたい。

2　司法部の立ち位置①及び②が考慮される場面

⑴　まず、「司法部の立ち位置」のうち、その①基本的人権の擁護を使命とする司法部の役割についての考えや、②三権分立の下での対立法府、対行政府との緊張関係を前提にした司法部の違憲立法審査権の在りようについての問題状況を簡単に説明しておきたい。

例えば、日本国籍を有する父と婚姻関係にない外国籍の母との間に本邦で出生した原告が、出生後に父に認知されたことを理由に、日本国籍を取得したと主張した事案がある。当時の国籍法三条一項は、出生後の日本国籍の取得は、父の認知に加え、更に父と母が結婚することにより嫡出子の身分を取得した場合（これを「準正」という。）に限って認めていた。しかし、この準正を要求することが、他の場合と比べてあまりにも過重であり、不合理な差別であるとして、司法部としては、この準正要件を違憲無効とし、それ以外の要件の充足のみで国籍取得を認める判断をすることができるかが問題になった。すなわち、司法部は、国籍取得要件についての立法裁量権を奪い、一時的にせよ自ら立法的な権限行使をすることにならないかという疑問が生ずるのである。

この点については、第二部Ⅱで詳しく紹介する国籍法違憲訴訟大法廷判決（最大判平成二〇年六月四日・民集六二巻六号一三六七頁）において、正にこのような司法部の立ち位置①及び②をどう考えるかが大きな検討事項になったものである。

(2)　このテーマは、米国のような判例法国ではさほど深刻な問題を生じないのかもしれない。米国連邦最高裁の判例理論が個別の救済を図る衡平法（エクイティ）の理論を基に個別の権利救済の裁判をしている例は多く（＊）、司法部が衡平法の原理と判例によって立法的な作用を行い、個別の救済を図ることが可能だからである。しかしながら、いわゆる成文法国といわれる我が国の司法部が、衡平法の原理ではなく、司法の本来的機能として立法作用に類するような措置ができるか、それが憲法上の違憲立法審査権の行使の在り方とどう関係するのかは、すべて司法部の立ち位置の①及び②の考え方により決せられるものであろう。

＊米国の連邦最高裁のアール・ウォーレン長官時代の司法積極主義的な一連の判決と、衡平法の原理とについては、前記の司法研究報告書「欧米諸国の憲法裁判制度について」六六頁参照。

3　司法部の立ち位置③が考慮される場面

⑴　司法部の立ち位置③については、国民の間で様々な価値観が多様化・変遷し、また、大きな政治的な見解の対立を包含するテーマにおいて、司法部が真剣に考えなければならない要素である。すなわち、基本的には、国民から直接選挙で選ばれているわけではない裁判官によって構成される司法部が行う憲法判断については、その正統性をいかに確保することができるかが問題になる。いうまでもなく、司法部は、多数決原理が支配する世界ではなく、法原理としてあるべき姿を追求することが使命である法原理機関として存在し、活躍が期待されているのであるが、国民の間で対立の激しい価値観の一方を選択することになったり、あるいは政治的対立の一方の肩を持つ結果となるような判断を示す場合、その判断の正統性が認められる根拠としては、国民の多数の意思の反映によるというものではない。国民の意識の動向や政治の大きな流れ等を無視し、純粋な法理論のみを適用して結論を出す場合、その判断は、紛争・対立を解消するのではなく、火中の栗を拾う、あるいは火に油を注ぐ結果となり、更なる混乱と対立を生じさせるおそれもある。このことは、諸外国でも例があるところ

である（＊）。

＊　国民の意識の動向等を見極めず、司法部が党派的な行動を起こし、政治的紛争を拡大させた例としては、米国において南北戦争の引き金になったといわれる連邦最高裁のドレッド・スコット事件判決がある。この点は、前記の司法研究報告書二六頁以下及び『違憲審査――その焦点の定め方』一八二頁以下参照。

(2)　司法部の憲法解釈や憲法の掲げる理念、本質的な価値観の理解については、時代とともにあるいは状況の変化によって変遷するもの・するべきものがあり、他方、それらに影響されず、不変のものとして在り続けるべきもの・変わってはいけないものとがあるはずである。司法部としては、それを見極めた上で、国民全体の認識を探り、社会的・政治的状況を見極め、いつの時点で乗り出すべきか、乗り出すべきでないか、どのような判断が多くの国民の理解と信頼を勝ち得ることになるのかについて、広い視野での情勢判断をした上で対処する必要があろう。最高裁としては、その局面において、この司法部の立ち位置③の要素についての熟慮が必要とされることになる。

具体的には、砂川事件大法廷判決（最大判昭和三四年一二月一六日・刑集一三巻一三号三二二五頁）における最高裁の対応姿勢が当時の政治状況等からみてどうであったのか、全逓東京中郵事件大法廷判決（最大判昭和四一年一〇月二六日・刑集二〇巻八号九〇一頁）等の、公務員の争議行為規制法制の違憲審査に関する一連の判例の変遷の根底にある理由は何か、衆議院小選挙区制の下での一人別枠方式の合憲性評価の変遷に関する衆議院議員定数訴訟大法廷判決（最大判平成二三年三月二三日・民集六五巻二号七五五頁）等の対立法府との間のキャッチボールの意味、などが思い付くが、このうち最初の二件の大法廷判決等において、この③の要素をどのように考えていたのかは、第二部Ｖ及びⅢで説明を行っているところである。

第二部　戦後七〇年の最高裁の憲法判例の展開から見る「司法部の立ち位置」の素描

——憲法判例と裁判官の視線〜その先に見ていた世界

これまで述べてきたように、最高裁の憲法判例において、裁判官が司法部の立ち位置をどのように考えて判断したのかを探ることこそが、これまでの我が国の最高裁の憲法判例の真の評価を可能にするのではないかと考えている。

戦後七〇年余に及ぶ最高裁憲法判例の軌跡の中で、時代を画した著名判決の中には、積極的なものも消極的なものもあるが、「司法部の立ち位置」の考え方が色濃く反映されていると思われるものが多く見られる。

以下、このような観点から、最高裁憲法判例と、司法部の立ち位置を踏まえた裁判官がその判断の彼方にどのような世界を見ていたのか、その熱い視線について、私なりに、具体的に見ていくこととしたい。

Ⅰ　社会に根を下ろし、国民から信頼される司法を実現するために

――レペタ法廷メモ事件大法廷判決と矢口洪一長官らの眼差し

＊最大判平成元年三月八日・民集四三巻二号八九頁

一　背景事情

(1)　法廷における傍聴人のメモを取る行為については、かつては、比較的緩やかに認められていた時代があったが、昭和四〇年ころからは、原則は禁止であり特別の事情がある場合に例外的にこれを許可するという厳しい扱いをする法廷が多くなり、法廷内に掲示された「傍聴人心得」では、「裁判長の許可を得ないでメモを取ってはならない」旨の記載がされる運用が全国の裁判所で広まっていた。これは、裁判所法七一条あるいは刑訴法二八八条二項が、法廷の秩序維持のための法廷警察権を裁判長等に認めており、傍聴人に対して訴訟運営の妨げとなる可能性のある行為等を禁止することができるところ、メモもその可能性がある行為として一般的に禁止した上、状況等に応じて個別に許可する

ことになったものである。

当時は、いわゆる学生事件や過激派に関する刑事事件、更には不当労働行為の存否を巡り使用者と労働組合とが激突するいわゆる集団的労働関係事件が多数係属し、これらの事件を審理する法廷において、被告人等やそれを支援する傍聴人が、法廷闘争と称して円滑な審理手続の進行を妨害する行為に及び、荒れる法廷が全国の裁判所で見られるようになってきていた。傍聴人のメモを取る行為は、意を通じた多数の傍聴人により一斉に行われ、それがデモンストレーションとしての様相を帯び、法廷を自己の権利利益を主張しそれを実現するための闘いの場として捉える動きがあり、あるいは、メモをこれ見よがしに取る行為が証人等に対する威圧となることから、様々な心理的な影響を与える法廷戦術として行われる状況が生じていた。これらは、適正かつ迅速な裁判を実現することの妨げになることはもちろん、そもそも、真実を探究し正義を実現するための神聖な場として秩序ある静謐な雰囲気で審理が行われるべき法廷に相応しくないものとして捉えられていたという事情もあり、これが傍聴人のメモに対する厳しい措置を執る実質的な根拠となっていた。

⑵　しかし、このような荒れる法廷は、昭和五〇年代を迎え、かつてのように頻繁に見られる状況ではなくなってきていたが、傍聴人のメモの一般的な禁止の措置はその後も続けられてきていた。そのような時代背景の中で起きた事件とそれに対する判決が、レペタ法廷メモ事件大法廷判決であった。

二　本件の事案の概要

上告人（原告）ローレンス・レペタは、米国ワシントン州弁護士の資格を有する者で、国際交流基金の特別研究員として我が国における証券市場及びこれに関する法的規制の研究に従事し、その研究の一環として、昭和五七年一〇月以来、東京地裁に係属していた所得税法違反被告事件の各公判期日における公判を傍聴していた。この事件を担当する裁判長は、各公判期日において傍聴人がメモを取ることをあらかじめ一般的に禁止していたので、上告人は、各公判期日に先立ちその許可を七回にわたって求めたが、裁判長はこれを許さなかった。そこで、上告人は、裁判長のこの措置（本件措置）が、憲法二一条、八二条及び一四条に違反し、また、市民的及び政治的権利に関する国際規約（以下「国際人権規約」という。）にも違反するので違法な公権力の行使であるとして、国を相手に、国家賠償法一条一項により、自己に生じた損害の賠償を求めて本件訴訟を提起した。

なお、本事件は一審では請求棄却となり、控訴審でも控訴が棄却されている。

三　本件大法廷判決（多数意見）の概要

本件は、当時の矢口洪一最高裁長官が裁判長を務める最高裁大法廷で審理・判決がされた。本件における上告理由の論旨は、次の四つの論点を中心とするものであるが、本件大法廷判決（多数意見。以下、特にことわらない限り多数意見を指す。）は、各論点について説示をし、論旨をすべて排斥し、上告を棄却している。

1　憲法八二条一項との関係

まず、上告理由は、憲法八二条一項によって裁判を傍聴する自由が保障されているという前提に立ち、この傍聴する自由には、メモを取る自由が含まれているにもかかわらず、原判決はこれを否定しており、同条一項の解釈を誤っているとしている。この点について、本判決は、次のような趣旨の説示をしている。

「憲法八二条一項の規定は、裁判の対審及び判決が公開の法廷で行われるべきことを定めているが、その趣旨は、裁判を一般に公開してそれが公正に行われることを制度として保障し、ひいては裁判に対する国民の信頼を確保しようとすることにある。そのことに伴い、各人は、裁判を傍聴することができることとなるが、この規定は、各人が裁判所に対して傍聴することを権利として要求できることまでを認めたものでないことはもとより、傍聴人に対して法廷においてメモを取ることを権利として保障しているものでないことも、いうまでもない。」

このように、ここでは、憲法が定める公開裁判の原則は、国民に対して裁判を傍聴することや、傍聴人に対して法廷でメモを取ることを、基本的な人権として保障したものではなく、このような制度の結果として傍聴の自由等が間接的に認められているという、いわゆる制度的保障であるとの趣旨が示されている。

2 憲法二一条一項、国際人権規約との関係

次に、上告理由が、法廷において傍聴人がメモを取ることは、憲法二一条一項並びに国際人権規約一九条二項が権利として保障している表現の自由に属し、安易に制限することは許されない旨を主張している。この点について、本判決は、次のような趣旨の説示をしている。

(1) まず、「各人が自由に様々な意見、知識、情報に接し、これを摂取する機会を持つことは、その者が個人として自己の思想及び人格を形成、発展させ、社会生活の中にこれを反映させていく上において欠くことのできないものであり、民主主義社会における思想及び情報の自由な伝達、交流の確保という基本的原理を真に実効あるものたらしめるためにも必要であって、このような情報等に接し、これを摂取する自由は、表現の自由を保障している憲法二一条一項の規定の趣旨、目的から、いわばその派生原理として当然に導かれるところであり、人権規約一九条二項の規定も、同様の趣旨にほかならない。」とした上、「筆記行為は、生活の様々な場面で行われ、そのすべてが憲法の保障する自由

に関係するものということはできないが、様々な意見、情報等に接し、これを摂取することを補助するものとしてされる限り、筆記行為の自由は、憲法二一条一項の規定の精神に照らして尊重されるべきである。傍聴人は、公開の法廷において裁判を見聞することができるので、傍聴人が法廷においてメモを取ることは、裁判を認識し記憶するためにされるものである限り、尊重に値し、故なく妨げられてはならないというべきである。」とした（傍点は筆者によるものである。以下、本書において同じ。）。

ここでは、一般にメモを取る行為が情報摂取の補助としてされる限り、表現の自由を保障する憲法等の規定の精神に照らし尊重されるべきであるとし、法廷でのメモも、この趣旨でされるものである限り、尊重に値するというものであって、基本的人権である表現の自由そのものないしそれに当然包摂されるものとまではいえないが、故なく妨げてはならないもの、基本的には尊重されるべきものであるとして、その価値を認めている。

(2)　ところが、本判決は、更に次のように続けている。

まず、「筆記行為の自由といえども、他者の人権との衝突の調整や、これに優越する公共の利益が存在する場合にそれを確保する必要から、一定の合理的制限を受けることがあることはやむを得ない。」とし、さらに、「筆記行為の自由は、表現の自由そのものとは異なるので、その制限等には、表現の自由の規制に必要とされる厳格な基準が要求されるものではない。」として、基本的人権としての表現の自由との性質上の相違を強調している。それを前提にして、傍聴人のメモを取る行為の制限については、法廷が適正かつ迅速な裁判を実現する場であり、この実現は、メモを取る行為よりもはるかに優越する法益であるとした上、その制限が許される場合があることについて、次のように判示している。ここでは、判決文をそのまま引用する。

『これを傍聴人のメモを取る行為についていえば、法廷は、事件を審理、裁判する場、すなわち、事実を審究し、法律を適用して、適正かつ迅速な裁判を実現すべく、裁判官及び訴訟関係人が全神経を集中すべき場であって、そこにおいて最も尊重されなければならないのは、適正かつ迅速な裁判を実現することである。傍聴人は、裁判官及び訴訟関係人と異なり、その活動を見聞する者であって、裁判に関与して何らかの積極的な活動をすることを予定されている者ではない。したがって、公正かつ円滑な訴訟の運営は、傍聴人がメモを取ることに比べれば、はるかに優越する法益であることは多言を要しないところである。してみれば、そのメモを取る行為がいささかでも法廷における公正かつ円滑な訴訟の運営を妨げる場合には、それが制限又は禁止されるべきことは当然であるというべきである。適正な裁判の実現のためには、傍聴それ自体をも制限することができるとされているところでもある（刑訴規則二〇二条、一二三条二項参照）。

メモを取る行為が意を通じた傍聴人によって一斉に行われるなど、それがデモンストレーションの様相を呈する場合などは論外としても、当該事件の内容、証人、被告人の年齢や性格、傍聴人と事件との関係等の諸事情によっては、メモを取る行為そのものが、審理、裁判の場にふさわしくない雰囲気を醸し出したり、証人、被告人に不当な心理的圧迫などの影響を及ぼしたりすることがあり、ひいては公正かつ円滑な訴訟の運営が妨げられるおそれが生ずる場合のあり得ることは否定できない。』

そこでは、傍聴人のメモを取る行為の権利性を認めるのではなく、表現の自由という憲法的価値との相違を強調し、他方、公平かつ円滑な訴訟の運営はこれよりはるかに優越する法益であるとして、メモを取る行為によってこれが妨げられるおそれが生ずる場合には、それが制限されることが当然のこととして許されるという姿勢を明確に打ち出している。

(3)　ところが、本判決は、この判示に続けて、再度、一転して、『しかしながら、それにもかかわらず、傍聴人のメモを取る行為が公正かつ円滑な訴訟の運営を妨げるに至ることは、通常はあり得ないのであつて、特段の事情のない限り、これを傍聴人の自由に任せるべきであり、それが憲法二一条一項の規定の精神に合致する』と説示している。このように、本判決は、傍聴人のメモを取る行為について、憲法二一条一項の表現の自由という憲法的価値との相違からメモを取る行為が制限されることは当然であるという憲法判断を示す一方、公平かつ円滑な訴訟の運営を妨げることは通常あり得ないので、傍聴人の自由に任せることが憲法二一条一項の精神に合致するとして、今日の状況下ではその制限的な運用に消極的な態度を示しており、その位置付け・評価が正反対のベクトルを示したものとなっているように読めるのである。この分かりにくい説示の真意等については、後に触れることとする。

3　憲法一四条一項との関係

司法記者クラブ所属の報道機関の記者に対してのみ法廷においてメモを取ることを許可することの合理性の問題であるが、この点については判決文の理由六を参照されたい。

4　法廷警察権の行使について

(1)　法廷を主宰する裁判長等には、法廷の秩序を維持するために相当な処分をする権限、いわゆる法廷警察権（裁判所法七一条、刑訴法二八八条二項）が付与されているが、本判決は、まず、『その行使は、当該法廷の状況等を最も的確に把握し得る立場にあり、かつ、訴訟の進行に全責任をもつ裁判長の広範な裁量に委ねられて然るべきものというべきであるから、その行使の要否、執るべき措置についての裁判長の判断は、最大限に尊重されなければならないのである。』とし、法廷警察権の行使により傍聴人のメモを取る行為を禁止する根拠となる規定も存在しているので、国際人権規約にも違反しないとしている。このように、裁判長等の法廷秩序維持に関する権限の行使は最大限に尊重すべきものであることを説示し、これらの点に関する上告理由をいずれも排斥した。

(2)　そして、法廷警察権の行使が国家賠償法一条一項にいう違法な公権力の行使となるかどうかについて、次のような趣旨の判示を行った。

「法廷警察権は、裁判所法七一条、刑訴法二八八条二項の各規定に従って行使されなければならないことはいうまでもないが、それに基づく裁判長の措置は、それが法廷警察権の目的、範囲を著しく逸脱し、又はその方法が甚だしく不当であるなどの特段の事情のない限り、国家賠償法一条一項にいう違法な公権力の行使ということはできないとし、このことは、傍聴人のメモの禁止措置にも妥当するものといわなければならない」とした。

その上で、「過去に荒れる法廷が日常であった当時には、法廷警察権に基づき傍聴人がメモを取ることを一般的に禁止して開廷するのが相当であるとの見解も広く採用され、相当数の裁判所において同様の措置が執られていたのであり、また、本件措置には前示のような特段の事情があるとまではいえないから、本件措置が配慮を欠いていたことが認められるにもかかわらず、これが国家賠償法一条一項にいう違法な公権力の行使に当たるとまでは断ずることはできず、これと同旨に帰する原審の判断は、結局是認することができる」と結論付けた。

(3)　このように、メモの禁止措置が相当とする見解が広く採用されていたことや、同様の措置が執られていた裁判所が多いということ、そのような措置を執らざるを得ない事態が生じていたことが、「特段の事情」の存在を否定して国家賠償法上違法とまでいえないと判断することの根拠になっており、法理論的な説明としては、理解できるものである。

しかしながら、⑵での前記傍点部分の説示が加えられたのは、この説示の前に、次のように判示されていたことによるものである。そして、この判示部分こそが、本判決において、多数意見が最も言いたかったことであり、この問題に対する最高裁としてのメッセージであると思われる。そこで、ここでは、この部分の判決文をそのまま引用することにする。

『原審の確定した前示事実関係の下においては、本件裁判長が法廷警察権に基づき傍聴人に対してあらかじめ一般的にメモを取ることを禁止した上、上告人に対しこれを許可しなかつた措置（以下「本件措置」という。）は、これを妥当なものとして積極的に肯認し得る事由を見出すことができない。上告人がメモを取ることが、法廷内の秩序や静穏を乱したり、審理、裁判の場にふさわしくない雰囲気を醸し出したり、あるいは証人、被告人に不当な影響を与えたりするなど公正かつ円滑な訴訟の運営の妨げとなるおそれがあつたとはいえないのであるから、本件措置は、合理的根拠を欠いた法廷警察権の行使であるというべきである。

過去においていわゆる公安関係の事件が裁判所に多数係属し、荒れる法廷が日常であつた当時には、これらの裁判の円滑な進行を図るため、各法廷において一般的にメモを取ることを禁止する措置を執らざるを得なかつたことがあり、全国における相当数の裁判所において、今日でもそのような措置を必要とするとの見解の下に、本件措置と同様の措置が執られてきていることは、当裁判所に顕著な事実である。しかし、本件措置が執られた当時においては、既に大多数の国民の裁判所に対する理解は深まり、法廷において傍聴人が裁判所による訴訟の運営を妨害するという事態は、ほとんど影をひそめるに至っていたこともまた、当裁判所に顕著な事実である。裁判所としては、今日においては、傍聴人のメモに関し配慮を欠くに至っていることを率直に認め、今後は、傍聴人のメモを取る行為に対し配慮をすることが要請されることを認めなければならない。』

四　本件大法廷判決（多数意見）の憲法判断の位置付け

1　本件判決の論理の展開

これまで見てきたように、本件判決の論理の展開を簡潔にまとめると、次のとおりである。

A　まず、憲法八二条一項、二一条一項、国際人権規約一九条二項等は、いずれも傍聴の自由、更には法廷で傍聴人がメモを取る自由を国民の権利ないし基本的人権として保障したものではなく、その制限が合憲とされるためにいわゆる厳格な基準が必要とされるわけではない。したがって、適正かつ迅速な裁判を実現する場である法廷において、メモを取る行為がデモンストレーションとして行われるなどにより、公正かつ円滑な訴訟運営の障害となっている場合には、事前に一般的にメモを禁止することが広く行われていたが、裁判長の法廷警察権が濫用とされる特段の事情がない限り、その行使として当然に許容され、裁判長は厳正、果断にこれを行うべきである。

B　そして、傍聴人がメモを取る行為が公正かつ円滑な訴訟の運営の妨げとなっている事態がかつて日常的に見られた時代があり、そのような場合には、メモの一般的禁止は当然に許容される。

C　しかし、今やそのような事態はほとんど影をひそめているので、《今日において、傍聴人のメモを事前に禁止する措置が広く裁判所で行われていることは、合理性を欠いた法廷警察権の行使であって、傍聴人のメモに関し配慮を欠くものとなっている。裁判所としては、このことを率直に認め、今後は、傍聴人のメモを取る行為に対して配慮をすることが要請される》。

D　本件においては、前記Aでいう特段の事情があるとまではいえないから、本件措置が配慮を欠いていたことは認められるが、国家賠償法上違法な公権力の行使とまでは、《断ずることはできない》。

2　Cの説示の位置付け、Cは傍論か？

(1)　前記の判示は、A、B及びDの部分だけで憲法判断ないし法理論としては完結し、過不足ないはずである。そうすると、Cの説示はどのような意味ないし機能を有する判断なのであろうか。しかも、Cの説示については、判決文を精査すると、A、B、Dの判断の展開の途中で、複数回、同趣旨の説示が繰り返し登場しているが、それはなぜなのであろうか。

レペタ法廷メモ事件大法廷判決については、多数意見中に、傍聴人がメモを取る自由は憲法二一条の精神に照らして尊重されるべきであり、特段の事情のない限り、故なく妨げられてはならない旨の説示が含まれているため、この説示に着目して、法廷でメモを取る自由の憲法的価値を認めたものとしてこの判決を肯定的に評価する判例理解が一般的である。しかし、前記のとおり、判決文を精査すると、憲法判断としては、傍聴人のメモを制限する措置は、表現の自由を規制する措置の合憲性判断と同様の「厳格な基準」による規制に服させる必要はなく、裁判長の法廷警察権による一般的な制限は当然に許されるという合憲判断を行ったものである。そうすると、前記Cの説示は、憲法判断とは繋がらないもの、すなわち、いわゆる傍論というべきものなのであろうか?

(2)　本件は、裁判手続を主宰し、法廷の秩序維持を図る権限と責務を有する裁判長が傍聴人のメモを不許可とする権限行使をしたことにつき、国家賠償法上違法かどうかが争われたものである。ところで、裁判長・裁判官の裁判権の行使については、それに訴訟手続上の法令違反があって判決に影響を及ぼすことが明らかな場合等には、それが上訴理由となり、上訴審で取消し、破棄等がされることにより是正されるべきことが制度として予定されている（刑事訴訟法三七九条等）。そして、裁判権の行使が国家賠償法上の違法な公権力の行使であるとして国家賠償の対象となるのは、裁判官が付与された権限の趣旨に明らかに背いてこれを行使したような、違法性の程度が極めて高いという極端な場合に限定されている（＊）。

＊最二小判昭和五七年三月一二日・民集三六巻三号三二九頁は、裁判官がした争訟の裁判について、国家賠償法一条一項の規定にいう違法な行為があったものとして国の損害賠償責任が肯定されるためには、裁判に上訴等の訴訟法上の救済方法によって是正されるべき瑕疵が存在するだけでは足りず、当該裁判官が違法又は不当な目的をもって裁判したなど、裁判官がその付与された権限の趣旨に明らかに背いてこれを行使したものと認め得るような特別の事情があることを必要とするとした。この判決は、争訟の当事者、あるいは、検察官、被告人、弁護人が違法な裁判であることを理由に国家賠償請求を起こす場合等についての判断であるが、裁判長等の法廷警察権の行使が違法な公権力の行使であることにより権利利益を侵害されたことを理由とする国家賠償請求についても、基本的に当てはまるものであろう。

(3)　本件では、メモ禁止措置がこのような例外的に違法性が高い場合に当たるか否かが争点となったのであり、前記A、B、Dはそれを否定する判断を示している。しかし、本件措置が国家賠償法にいう違法な公権力の行使とまでいえないとしても、裁判長の法廷警察権の行使において合理性がなく、違法・法令違反ないしは不合理なものと評価される場合もあろう。本判決は、前記Cのとおり、『本件措置は、合理的根拠を欠いた法廷警察権の行使であるというべきである。』と言い切っている。

そうすると、この説示は、本件国家賠償請求に対する請求棄却の理由の傍論というよりも、最高裁大法廷判決において、レペタ氏が傍聴していた所得税法違反被告事件における訴訟手続の適否についての判断という形を取りながら、その実質は、傍聴人のメモに対する法廷警察権の在り方一般について最高裁の見解を述べたものといえるのではないだろうか。Ｃの説示が、本件措置の不合理性等を指摘するだけでなく、下級裁に対し、今後は、「法廷内メモは原則として自由」との趣旨を一般的な形で述べるものとなっているのは、そのような趣旨からであろう。

⑷　ところで、このように、法廷秩序に関する法廷警察権の行使に関して下級裁が今後執るべき一般的な方針を示すのであれば、それは、本来、最高裁判所規則の改正で行うべきであるかもしれない（憲法七七条）。しかし、規則で一般化するよりも、これまでの経緯や今日的な法廷の状況等を踏まえ、事柄の性質上、将来的に状況に応じた柔軟な対応ができる余地を残す必要があるので、最高裁判事全員で構成される最高裁大法廷が判決という形で大きな指針を示すという方法を採ったものと思われる（＊）。

＊　矢口長官は、退官後に日本経済新聞に、「私の履歴書」として二八回に分けて連載されたものをまとめ、『最高裁判所とともに』（有斐閣、一九九三年）という著作として刊行しているが、その一〇七頁では、法廷メモについて、『解禁は本来最高裁規則の改正で対応すべき事柄だったかもしれないが、「外からの風」に促されて、われわれ一五人の裁判官が法廷の内部から小さな窓を開いた、ということになろうか。』と述懐しておられる。

五　最高裁大法廷の憲法判断の先に一五人の裁判官が見ていた世界

——矢口長官らによる多数意見と四ツ谷裁判官の意見との対比

本大法廷判決以後、全国の裁判所では、この判示を指針として、傍聴席で原則として自由にメモを取ることを認める運用が一気に広まっていった。

この判決は、矢口長官ら一四名の裁判官の多数意見とキャリアの刑事裁判官出身の四ツ谷巖裁判官一名の意見に分かれたが、それは、法廷内の秩序をどう考えるかという問題に止まらず、我が国の司法が、社会にしっかりと根を下ろし、国民から信頼されるためにはどうすべきなのか、また、「法廷」というものの役割、機能をどのようなものと考えるのか等のいわゆる「司法部の立ち位置」に関わる点について、各裁判官が憲法判断の先に見ていた世界が関係しているように感じている。

1　四ツ谷裁判官の見ていた世界と裁判の機能

(1)　まず、四ツ谷裁判官の意見は、法廷の持つ意味、傍聴人やそれによるメモの位置付け等について、下級裁時代に公安事件や学生事件における荒れる法廷を多く主宰し苦労した経験等を踏まえて、『法廷は、いわゆる公共の場所ではなく、事件を審理、裁判するための場』であり、『したがつて、そこにおいては、冷静に真実を探究し、厳正に法令を適用して、適正かつ迅速な裁判を実現することが最優先されるべき』ものとし、また、『傍聴人がメモを取っている法廷においては、厳粛であるべきその雰囲気が乱されるなどし、ために、心を集中すべき真実の探究に支障を生ずるおそれがないわけではないことにも、思いを致すべきであろう。』としている。

このように、四ツ谷裁判官意見からうかがわれる法廷観というべきものは、法廷においては、真実探究に差し障りが生じかねない要素はできるだけ排除して静謐な雰囲気で審理を行うことが重要であり、裁判の感銘力もそれにより増すのであるから、裁判公開の憲法上の要請も、傍聴人が五官の作用で審理を把握できる状態であれば足り、メモを禁止しても当然に許されるとする考え方である。この見解は、いわば、法廷は、裁判官が真実探究のため、全神経を集中して静かな雰囲気の中で、犯罪事実を認定し、刑罰等を宣告する場であり、その意味で一種の「聖域」ともいえる厳粛な場所でなければならないという観念によるものであろう。

この考え方は、刑事裁判官をはじめ多くの裁判官の考えないし感覚を代弁するものであり、裁判官が何物にも影響されずに真実を探究し正義を実現するため傍聴人のメモに消極的な評価をした行為の根底にあるものである。このような法廷観は、実務家の感覚からして十分に理解できるところであろう。

(2) このような法廷観は、我が国における刑事裁判の機能、それがどのような役割を担うものとして国民から期待されているのかという観点と密接に関係しているように感じられる。すなわち、我が国において裁判は、それが特に刑事裁判において顕著ではあるが、すべからく、真実を発見し、正義を実現するための究極の手段として捉えられているのではなかろうか。証拠収集の有無、その活用、訴訟活動の巧拙等の当事者による対処の仕方等といった、その時々の諸事情、諸要素によって裁判結果が決まるのではなく、真実は当然に明らかになり、正しい者が必ず救済される場こそが裁判であって、その意味での正義を実現することが常に求められているのである。そのため、法廷は、必要のない雑多な要素が介在しない神聖な空間となり、そこで審理・判決がされてこそ正しい判断ができ、裁判の感銘力、教育的効果が生ずるという認識が広く行き渡っているという見方である。

2　私の個人的な経験の紹介

(1)　この点について少し個人的な経験を紹介させていただきたい。

詳細は省くが、私が判事補三年目にフランスの司法事情の調査という在外研究を命ぜられて赴いた際に、パリの軽罪裁判所（Tribunal Correctionnel）での審理に立ち会ったことがある。そこでは、制度として予審制度が採用されていたこともあってか、公判廷での審理は簡略で、アフリカから出稼ぎに来ていた被告人がフランス語をあまり理解せず、満足な反論もできない様子であった（裁判長の質問が分からず、トンチンカンな答えをし、法廷内で笑いを誘った。）が、審理は、そのまま続けられて一気に終結し、判決の宣告がされた。私は、この審理の様子が気になり、これでは真実の発見や正義の実現が危うくならないのか、裁判の感銘力が失われないのか等といった疑問を述べたことがある。それに対し裁判長から言われた次の言葉が忘れられないでいる。

「ムッシュ・シバ（千葉のフランス語の発音）、裁判は真実を発見し正義を実現する場ではない。それは宗教の仕事だ！」

これは、裁判では収集された証拠によってしか事実は認定できず、認定した事実が真実かどうかは問題ではない。そのように確定した認定事実を基に、裁判官は、法的判断を示し、それが社会のルールを作る基になる。被告人の対応のほか、検察官、弁護人、訴訟代理人の証拠収集や弁論等の巧拙、被告人のフランス語の上手下手等により裁判の結果が変わることもあるがそれは、裁判がそのような制度であるからやむを得ないことである、という説明であった。

フランスでは、刑事事件でも被告人が罪を認め反省し悔悟しているという内心の事情を情状としてさほど重視しない傾向があるのも（そのため、被告人の弁明を聴こうという姿勢が乏しく、フランス語の不得手な被告人にも通訳を付けようとしない傾向がある。）、それは結局、裁判が宗教とは異なるからであろうか？　裁判官は牧師ではなく、真実は神のみが知っており、また、それで良しとするしかない。罪を犯した者が反省し、悔悟していることを酌量し、罪を一定程度宥恕するのは本来宗教（キリスト教）の領域である、そのような裁判観があるのであろう。我が国では、裁判は「真実」を発見する場で、正義を実現するのが役割であり、被告人の反省、改悔にしっかり向き合うものであるということになると、裁判官がいわば牧師の役割を期待されているということなのであろうか……（＊）。

＊この点について、日弁連の機関誌「自由と正義」五四巻一一号（二〇〇三年）二五頁以下登載の私の論稿「裁判における真実の発見・正義の実現について」を参照されたい。民事裁判においても、真偽不明の場合には立証責任の分配の法理によって立証責任のある方に不利な事実認定をすることを裁判官が可能な限り避けようとする傾向、すなわち、立証責任のルールによるのではなく、立証を尽くさせてなんとか真実に辿り着こうとする傾向があるのも、この点から説明できるのかもしれない。

(2) 我が国では、キリスト教のように人々の心の内面にまで入り、真実を知り、心からの悔い改めを受け入れる役割を果たすもの、人々の心の拠り所となり得るものは、とりあえずは裁判しかないということなのかもしれない。そうすると、全国の裁判所において、法廷内でのゼッケン、腕章着用は、裁判に影響を与えてはいけない意思表示の一種であるとして禁止され、かつては傍聴席への遺影の持ち込みさえも、それが一定の無言の意思表示を含むものとして、これを禁止する措置が広く執られた時期があったが、これも、前記のように、法廷は静謐に真理を探究するため審理を行う「神聖な場」であるという考え方によるものであろう。

四ツ谷裁判官の意見は、このような考え方と共通するものがあると思われるが、私も自らの経験上、率直に言って共感する点が多い。司法部の立ち位置について、司法部が国民全体からどのような期待がされているのかを考えるとき、四ツ谷裁判官の裁判哲学の根底にある考えは、十分な説得力を有しているようにも感じられる。

３　矢口長官らによる多数意見がその先に見ていた世界〜国民との距離

⑴　多数意見は、法廷において最も尊重されなければならないのは、判文にあるとおり、適正かつ迅速な裁判を実現することであるとした上、メモを取る自由は表現の自由そのものではないが、憲法二一条一項の精神からして尊重されるべきものとし、一定の憲法上の基本的人権との関連を有する点を重視した上で、「法廷」の意味、位置付けとの関係で、メモを禁止することの当否についての評価をしている。この一四名の多数意見、特に、本大法廷判決の多数意見を主導したといわれている矢口長官には、前述の四ツ谷裁判官の法廷観とは別に、裁判と国民との間の距離の在り方、裁判が国民からいかにして信頼を勝ち得て、司法部の権威を保つことができるか、という意味での「司法部の立ち位置」に関わる点についての基本的な考え方が根底にあったのであろう。それは、この点を考える際に、当時、国民が裁判に直接触れる唯一のチャンネルであった法廷傍聴による効果、すなわち、裁判の実態を直接自らの目と耳で捉えることが司法への認識を深め、正しい理解と信頼を生み出し、司法が身近な存在になるという面でのいわば象徴的な効果等を十分に吟味した上で、傍聴人がメモを取る

ことを認めることの意味ないし重要性、これを一律に禁止することの影響等を見据えた判断であると考える。

(2) そもそも、傍聴席でのメモの禁止措置は、昭和四〇年代に、公安・学生事件や労働事件において、いわゆる荒れる法廷が出現したことに端を発する。傍聴席では、当事者を支援する傍聴人が、闘争の一環として、裁判所に対する意思表示的な意味合いもあって、執拗な不規則発言や不適切な言動を繰り返し、あるいは、鉢巻き、ゼッケンを着用して法廷での無言の意思表示を行うデモ的な行動が行われ、法廷の秩序を乱すこととなり、発言禁止や最終的には傍聴人に対する退廷命令を発出せざるを得ない状況が全国の裁判所で見られた。また、傍聴席でのメモも、対立する相手側の証人の証人尋問において、そのやりとりを、これ見よがしに傍聴人が一斉にメモを取り始め、証人に心理的な圧力を掛けたり、その後にメモの内容を記載したビラを作成し、裁判所の周囲に配布する等の行動が見られた。傍聴席でのメモの禁止には、そのような背景があり、裁判所としては、法廷秩序を乱す闘争の一環としてのメモ行為と、そうではない通常のメモ行為を分けて制限の有無を決めるというような対処をすることは、その異なる対処の理由を法廷で説明し了解させる必要が生ずるなどから、実際上不可能であった(*)。これらの点から、一般的なメモ禁止の措置が全国の裁判所の多くの法廷で執られてきたわけである。

このような「荒れる法廷」はその後下火となったが、厳粛な真実探究の場である法廷に傍聴席で何らかの意思表示的なもの（刑事事件で犯罪の被害者の遺族が傍聴席に大きな遺影を持ち込む等もそうである。）は相応しくないとされ、そのような観点から、メモの一般的禁止も、そのまま慣行となって続いてきたのである。

＊ 四ツ谷裁判官の意見中に、『私の経験によれば、例外的に禁止の措置を執つた法廷において、その措置をめぐつて紛糾し、円滑な訴訟の運営が妨げられるに至る危惧が十分にあり、これを防止するためには、各法廷においてあらかじめ一般的に傍聴人がメモを取ることを禁止し、申出をまつて……個別的にその許否を決することとするのが相当である』という説示があるのは、このような趣旨を述べたものである。

(3)　しかしながら、裁判ないし法廷が、日常的な社会生活からは隔絶した特異な場面ないし空間であり、文字通り聖域的な要素のあることは理解できるところではあるが（＊）、昭和六二年には法廷内のテレビ・カメラによる撮影を裁判開廷前に認める運用について、最高裁と日本新聞協会との間で取り決めが行われる等、マスコミによる裁判報道が展開され、裁判が国民にとって広く強い関心の対象となるような状況が進展してきていた。このように、レペタ法廷メモ事件大法廷判決は、当時の司法・裁判に対する国民の信頼をどのようにして確保し続けていくか、国民と司法との距離をどのように縮めていくべきかが課題として深刻に意識され始めてきた時期のものである。

＊片桐直人「法の支配のロジスティクス――矢口洪一」（渡辺康行ほか編『憲法学からみた最高裁判所裁判官』（日本評論社、二〇一七年）二二一頁以下）では、『多数意見の背後には、「裁判」ないし「法廷」に対するある種の見方が潜んでいるように思われる。』とし、四ツ谷裁判官の意見との対立点の一つは「法廷」の理解にあったとしている。この着眼点は、正に私も共有できるものである。

(4)　そして、これは、矢口長官の抱くあるべき裁判官像とも関係がある。周知のとおり、矢口長官は、長官時代に限らず、常に最高裁の事務総局の中核的地位にあり、その間、裁判官の海外研修の拡充やマスコミ研修等の部外研修制度を次々と創設して実施していった。それらは、裁判官は、普通の社会人であって、社会全体を常に見渡し広い視野をもって判断できるようにならなければならないという基本的な信念を有し、法律家として頭でっかちにならないために、様々な部外研修の必要性を強く感じていたからである。それは結局、裁判所が国民に理解され信頼される存在となるためには、裁判官が特異な存在ではなく、そのような広い視野と社会人としての十分な素養をも身につけた常識人であることが必須であると判断したからであろう。

(5)　この点に関し、次の二つのエピソードを紹介しておきたい。

（エピソード・その1）

前記のとおり、私が判事補三年目に、フランスの司法制度の実情を調査する在外研究を命ぜられた。

これは、欧米諸国へ判事補を派遣する在外研究制度が創設されてから二年目であった。当時の矢口人事局長は、出発前に、私に対し次のような訓示をした。例のごとく独特のレトリックを使っているが、制度の趣旨を分かりやすく伝えたのである。

「おまえは、フランスに行ってそこの司法制度を勉強してこようなどと思うな！　理論的な研究であれば、おまえよりも学問的に優秀な適任者が他に大勢いる。フランスの裁判の実態と社会全体が法の支配をどう考えているのかがポイントだ。だから、おまえは勉強せずに遊んでくればよい。」

私は、そう言われ、それを真に受けてしっかりと遊んできた。そんなわけで、音楽、絵画、演劇、オペラ鑑賞はもちろん、フランス料理、ワイン、チーズ等の食文化を通し、あるいは日々のフランスの人達との様々な交流から、享楽的なラテン民族と司法との関係を感じ、また、徹底した個人主義的志向のフランスの国民性を踏まえ、他者との相違を乗り越えた共同作業や集団的な行動についての好き嫌い、それが政治、文化、言語、司法等に与える様々な影響等を考えさせられた。

そして、フランスではなぜ離婚率が高いのか？　女性裁判官・法曹が多い理由は？　フランス語はなぜ繊細なのか（特に文法）？　刑事事件を扱う軽罪裁判所では事実認定が簡略で真実発見・正義の実現という刑事裁判の基本理念から遠い審理がされているのになぜ国民から受け容れられるのか？　そんな状況下で行政権優位の国といわれる中で裁判官が大いに尊敬されているのはなぜか？　等々の疑問が何となく解消していくようであった。

各国の司法の歩みは、その国の歴史、文化、国民性等を色濃く反映しており、それを参考にすると、我が国においての司法部の進むべき途がぼんやりと分かったような気がしたところであり、物事を考える多くのヒントをいただいたように感じた次第である。この制度の趣旨も、結局は、広い視野を持って柔軟な思考のできる裁判官の育成のためであり、国民から理解され信頼される司法部の実現を目指す第一歩であったのかもしれない。もっとも、この経験により私が柔軟な思考ができるようになったのかは、もちろん、また別の話である。

（エピソード・その2）

私は、裁判官任官一一年目に、最高裁が始めた裁判官のマスコミ研修として、さる大手新聞社に四〇日間派遣された。裁判官が世間知らずにならないようにという目的の研修で、世間知らずの私がその第一号に選ばれたのであろう。当時は「裁判官　世間へ飛び出す！」という大きな見出しで新聞記事となった。そこでは、国民一般の事件報道等に対する反応、物の見方等を学び、司法が独りよがりになっていないかを反省させられた。裁判等においても、国民一般から全く支持されない判断（特に、ミクロな視点からの検討よりもマクロ的観点を重視した判断等）については、それで理屈が通っていれば済むのか、別な観点からの法理論もあり得るのではないかといった、市民的な素朴な感覚・正義感をも常に意識した仕事をする必要性、大切さを学ばせていただいた。

なお、私の著書『違憲審査――その焦点の定め方』の「はしがき」でこの時の経験を紹介している。

(6)　また、矢口長官は、我が国に陪審制度や参審制など市民が裁判に直接参加する欧米の制度を導入することにも積極的な姿勢を示し、最高裁長官時代の昭和六三年に裁判官をアメリカに派遣し、調査研究に着手させた。これらは、その後の現行の裁判員制度創設の礎となった。これにより、刑事裁判が、専門家集団が担う特殊な領域の話ではなく、国民の健全な感覚を司法に取り入れることにより、司法部が、あるいは刑事裁判が分かりやすい存在となり、それと同時に、国民が自ら司法制度に関与することによって、裁判が国民から遠い存在ではなく身近な存在となるのである。そして、マスコミ等の限られた報道のみから裁判を見るのではなく、その実情、機能、事実認定の重さ等を実際に体験してもらうことによって、事実認定の重み、公平な判断をすることの大変さ、そのために一刀両断的な割り切りではなく、様々な要素を総合的に考慮した上で複眼的に色々なものを見て判断して結論を出すことの大切さ、難しさを理解してもらうことを狙ったものであろう。そのことが、結局、司法部の活動、裁判という精神作用に対する国民の理解や協力の基礎になり、また、その結果、市民感覚と親和性のある判断も生まれ、それらが、司法部に対する信頼に繫がる。矢口長官は、そのように判断したのではないかと、私は考えている。

(7)　私は、今日の裁判員制度は、国民が自ら刑事裁判に関与することにより裁判官としてのエートスを体験するものであり、それにより、裁判官と同じ視点や責任感を踏まえた健全な判断がされることになると確信している。

例えば、私が裁判体の構成員に加わっている最二小決平成二八年八月一日（刑集七〇巻六号五八一頁）では、米軍軍属が那覇地裁に起訴された強姦致死等被告事件において、マスコミ報道によって沖縄県内で広範な抗議行動が起きているので、沖縄県民が裁判員として選任される裁判員裁判では公正な裁判を行うことは不可能である、として事件を他の管轄裁判所である東京地裁へ移送してほしい旨の請求について、それを棄却する処理をした。その際、私は、補足意見で次のように、裁判員が裁判という精神作用を経験することが、裁判官の心を理解し、公平中立の立場で行動し、それが司法への理解を深める十分な契機になる点を強調している。その部分を引用すると、

> 裁判員は、『公判廷で現実に提出される証拠、証人尋問等の内容を吟味し、起訴された事実が合理的な疑いを入れる余地のない程度に立証されているかどうか審理することになり、そのようにして認定された犯罪事実等に向き合うのである。その認定事実は、具体性を帯び、マスコミによる報道内容や風評等から離れ、動かし難い圧倒的な重みを有したものであり、裁判官も裁判員も、それに正面から対峙することになる。そして、仮に有罪の場合には、量刑に関し、これまでの刑事裁判において積み上げられてきた考慮すべき諸事情を確認し、善良な市民感覚を踏まえつつ、裁判官と協働しながら強い責任感の下に判断していくことになる。そこは、事件の背景等についての証拠に基づかない裁判員の個人的な感情や予断等が入り込む余地のない厳粛な「裁きの

場」なのであって、そのことは、国民全体の共通の認識でもある。〔中略〕裁判員には、証拠に基づかない私的な感情を排した冷静な審理への参加が求められており、各人がそのような自覚の下に、裁判員裁判の制度を裁判官と共に築き上げていく責務があり、また、これまで行われてきた裁判員裁判においても、その地道な努力が全体として例外なくしっかりと積み重ねられてきている。本件においても、沖縄県の特殊事情、県民の様々な思いがあったとしても、……裁判員としては、法と証拠に基づく公正な裁判の実現を目指すべきであり、また、目指すことは十分に信頼できるところであって、これこそが裁判員裁判の制度を支える基礎となるものであろう。』

このようなことは、矢口長官が、当時から、将来の司法部の歩むべき途であると考えていた姿なのではないだろうか。

4　レペタ法廷メモ事件大法廷判決と司法部の立ち位置

以上によれば、私としては、レペタ法廷メモ事件大法廷判決で示された判断の根底にあるものは、「法廷」ないし裁判というものを司法部における特異な空間として捉えるよりも、より実践的で国民の健全な関心に応える判断を行うよりオープンな場として捉え、司法と国民との距離を縮める一歩としようとする姿勢であると感じるのである。前記の矢口長官の著書『最高裁判所とともに』一〇七頁には、傍聴席でのメモを解禁し、法廷内でのマスコミのカメラ等の撮影を認める取り決めを行ったことや、さらにレペタ法廷メモ事件大法廷判決等もあり、これらについて、『一連の法廷内の慣行の改革では、裁判所内部でも国民の「知る権利」が拡大された、などと論評された。かねて裁判所と国民との間の距離をどうすれば縮められるかと考えてきた私には、法廷に新しい風が吹き渡ったように感じられた。』と述べられており、司法部の立ち位置についての率直な気持が吐露されているところである。

Ⅱ　立法裁量と違憲立法審査権との相克
——国籍法違憲訴訟大法廷判決の際の激論

＊最大判平成二〇年六月四日・民集六二巻六号一三六七頁

一　問題の所在

1　本件のテーマと本件大法廷判決の結論と位置付け

(1)　国籍法違憲訴訟大法廷判決は、島田仁郎長官時代の大法廷事件であり、私は、長官の指導の下、首席調査官として深く関与したが、そこでは、立法府の立法裁量と司法部の違憲立法審査権との相克が大きなテーマとなった。すなわち、法令の授益的・授権的規定（その一部）が法の下の平等の原則に違反し違憲無効とされる場合、不利益を受けている国民の権利・利益を司法部がどのようにして救済できるのかという問題について、立法府の立法裁量権の行使を尊重すべき範囲をどのように考えるか、すなわち、司法部が立法府の立法裁量権を侵害し許されないとされるのはどのような場合であるのかを巡り、多数意見と反対意見とが激しく対立して大激論となったのである。そのため、判決形成までの過程で、様々な問題が生じ、私としても、その決着まで大変に苦労させられた思い出があり、忘れられない事件である。

(2) 国籍法二条一号は、出生時に父又は母が日本国民であるときに子を日本国民とする旨を規定し（出生による国籍の生来的な取得）、国籍取得に関するいわゆる父母両系血統主義の原則（父又は母が日本人の子は日本国籍を取得する原則）を採用することを明らかにしている。そして、当時の国籍法三条一項は、出生後の日本国籍の取得につき、(i)父又は母が認知した子（出生後に認知した子）で、(ii)父母が結婚したことにより嫡出子の身分を取得し、(iii)二〇歳未満のもの（日本国民であった者を除く。）は、(iv)父又は母が子の出生の時に日本国民であった場合には、(v)その父又は母が現にあるいは死亡時に日本国民であるときは、(vi)法務大臣に届け出ることによって、日本国籍を取得するとしていた。本件は、このうち、(ii)の父母の婚姻により嫡出子たる身分を取得したものという要件（これを「準正」要件という。）を満たすことを要求している点が憲法一四条一項に違反しないかどうかが争われた事件である。

(3) 本件の大法廷判決（多数意見。特に断らない限り、以下同じ。）は、違憲立法審査権を行使し、国籍法三条一項は、出生後の子の国籍取得を定める規定であるが、その要件の一部、すなわち、前記(ii)の「準正」があったことを国籍取得の要件として要求している部分が不合理な区別で、憲法の定める法の下の平等の原則に違反し違憲無効であるとした上、その余の要件（(ii)を除き、(i)及び(iii)ないし(vi)）

のみが国籍取得要件であるとし、それにより不利益を受け損害を被っている国民に対し日本国籍の取得を認めて救済を図ったのである。すなわち、この判決は、国民に権利・利益を付与するといういわゆる授益的・授権的法制度において、立法府が制度を制定する際に有する広い立法裁量の行使の結果不合理な不平等を生じさせている場合、司法部がどこまで介入して不当に区別された個人に他と同等の権利利益を与える形で人権救済を図っていくことができるのかという問題について正面から判示したものである。

(4)　この判決は、司法部が立法をするに等しい法解釈をしているという法理論的な批判・反対意見のある中で、「司法部の立ち位置」についての考え方を踏まえ、立法裁量に対する違憲立法審査権の行使の在り方を判示し、人権救済を図る方向で解釈することにより、その機能の次元を高めて深化させたものともいえる画期的な判決であり、これにより、その後の司法部の違憲立法審査権の行使による権利救済の幅を大きく広げる契機になったとも評価されるものである。

2　事案の概要と争点等

事案は、日本国籍を有する父と婚姻関係にないフィリピン国籍の母との間に本邦で出生した原告が、出生後に父に認知されたことを理由に届出により日本国籍を取得した（前記(ii)以外の要件をすべて満たしている）と主張して争っているものである。前記のとおり、国籍法三条一項は、このような嫡出でない子につき、その後の父母の婚姻により嫡出子たる身分を取得した場合（ⅱの準正要件を満たした場合である。）に限り日本国籍の取得を認めており、その結果、出生後に認知されたに止まる子（なお、胎児認知された子は、法律上、日本人の父の子として出生しており、同法二条一号で日本国籍を取得する。）と準正のあった子との間に、前者は日本国籍を取得せず、後者は取得するという区別を生じさせているため、これが、憲法一四条一項の法の下の平等原則に違反しないかが争点となった（争点①）。

次に、このように、日本国民である父と日本国民でない母との間に出生した後に父から認知された子は、ⅱの「準正」要件が違憲無効であった場合、これを除いた他の要件さえ満たせば、国籍法三条一項により日本国籍を取得することになるのか否かが一大争点となった（争点②）。

二　争点①（「準正」要件の合憲性）に関する多数意見の考え方

1　多数意見の違憲判断

多数意見は、いわゆる合理的関連性のテスト（当該立法目的に合理的な根拠があり、採られた手段が、その目的との間に合理的関連性があるのか、を審査するもの）を用いて合憲性の審査を行い、次のア及びイ記載のとおり憲法一四条一項に違反すると判断した。

ア　日本国民を血統上の親として出生した子については、母が日本人であったり（＊）日本人の父が胎児認知したりして日本国籍を生来的に取得する場合以外であっても、その後の生活を通じて我が国社会との密接な結び付きを生じさせている場合があることから、国籍法三条一項は、同法の基本原則である血統主義を基調としつつ、日本国民との法律上の親子関係の存在に加え我が国との密接な結び付きの指標となる一定の要件を設けて、これらを満たす場合に出生後における日本国籍の取得を認めることとしたものと解される。このような立法目的を達成するために準正その他の要件が設けられ、その結果として本件区別が生じたが、この立法目的自体には合理的な根拠がある。

＊ 法の適用に関する通則法二九条一項によれば、嫡出でない子とその母との間の親子関係の成立については、子の出生の当時の母の本国法によるとされているので、母が日本人であれば、日本法によることになる。そして、母と嫡出でない子との間の親子関係は分娩という客観的事実により当然に発生するので、子は出生により当然に日本国籍を取得することになる（最二小判昭和三七年四月二七日・民集一六巻七号一二四七頁）。

また、当時の我が国の社会通念や社会状況においては、日本国民である父と日本国民でない母との間の子について、父母が法律上の婚姻をしたことをもって、父との家族生活を通じた我が国との密接な結び付きを示すものとみることに相応の合理性があるので、準正を日本国籍取得の要件としたことには、前記立法目的との間に一定の合理的関連性があったといえる。

イ しかし、その後の我が国の社会的、経済的環境等の変化に伴い、夫婦共同生活の在り方を含む家族生活や親子関係に関する意識が一様ではなくなり、嫡出でない子の割合が増加し、実態も多様化してきている。国際的交流が増大して、両親の一方のみが日本国民である場合には、同居の有無等の家族生活の実態において複雑多様な面があり、その子と我が国の結び付きの強弱を、両親が法律上の婚姻をしているか否かをもって直ちに測ることはできない。そうすると、前記準正の場合にだけ初めて日本国籍を与えるに足りるだけの我が国との密接な結び付きが認められるとすることは、今日の家族生活等の実態に合わない。また、日本国民である母の嫡出でない子は、分娩の事実が明らかであることから、出生により日本国籍を取得するとされていることとの対比からも、両性の平等という観点からみてその基本的な立場に沿わないところがある。そして、諸外国においても、嫡出でない子に対する差別的取扱いを解消する方向にあり、諸外国においても、生後認知のみで国籍の取得を認める法改正が行われている。

そもそも、日本国籍は、我が国の構成員としての資格であるとともに、我が国において基本的人権の保障、公的資格の付与、公的給付等を受ける上で意味を持つ重要な法的地位である。

これらによれば、国籍法三条一項が、同じ日本国民との間に出生後、認知により法律上の親子関係を生じた子であるにもかかわらず、原告のような嫡出でない子について、父母の婚姻（準正）という、子にはどうすることもできない父母の身分行為が行われない限り、日本国籍の取得を認めないとしている点は、今日において、立法府に与えられた裁量権を考慮しても、我が国との密接な結び付きを有する者に限り日本国籍を付与するという立法目的（それ自体は合理性があるとした。）との間で合理的関連性が認められる範囲を著しく超える手段を採用しており、不合理な差別を生じさせており、憲法一四条一項に違反している。

２　そもそも、区別を生じさせる立法行為があったのか？　それはどの部分か？

(1)　ところで、国籍法三条一項は、国籍を付与する規定であり、授益的・授権的なものである。本判決はその要件のうち「準正」要件を違憲としたが、そもそも、生後認知された子について、その両親（父親が日本人）が準正要件を具備することは、実際上、実現が容易でない場合も多く、その意味で厳しい要件であり、これを具備し得ない子が多く存在しているはずであって、その子らにおいては、国籍取得の区別・不利益を生じさせている。そこで、本判決は、国籍法三条一項について、この条項が、準正要件を具備する子には国籍を与えている点は、それ自体は問題ないとしても、その反面、それ以外の生後認知されただけの子には国籍を与えないという立法行為をも行っていることになるので、その後者の立法裁量権の行使があった部分に問題があるとして、これを憲法の平等原則に違反するとしたのである。

(2)　この点については、後に争点②についての判断の紹介の個所で触れるが、反対意見は、国籍法三条一項は、生後認知された子で準正要件を具備した者に国籍の取得を認めただけであり、それ以外の生後認知された子の国籍取得の問題については何も立法してはいない（立法不存在ないし立法不作為があるのみ）という見解を述べている。しかし、多数意見は、このような見解は採用しなかったのである。

3　準正要件の可分処理の可否の問題

なお、国籍法三条一項の要件（前記の(i)〜(vi)）のうち、(ii)のみを切り離して違憲無効とする判断が可能か、国籍法三条一項全体を一つの不可分な条項とみるべきではないか、という問題があろう。この点については、条項の可分処理の可否の問題であるが、米国連邦最高裁のカーター判決（Carter v. Carter Coal Co. 298 U.S. 238（1936））では、法律の違憲的な部分又は違憲的な適用が除去されても、議会が残りの有効な部分等だけを有効な法として存立させようと意図しただろうか（would have intended）、が基準となるとしている（芦部信喜『憲法訴訟の理論』（有斐閣、一九七三年）一七一頁以下参照。なお、森英明・平成二〇年度最高裁判例解説・民事篇は、本件の担当調査官の解説であるが、その二九九頁以下でこの問題に触れている。）。しかし、この点についての議会の意図がどうかを探るのは実際上容易ではなく、結局、議会の合理的な立法意思、すなわち、可分であるとして扱い、残部のみでも意味のある規定であれば、議会の立法意思は残部のみでも法を成立させることにしていると理解し、可分の処理を可能とすべきであろう。この問題は、違憲立法審査権の行使固有の問題ではなく、法令の一部に無効となる部分があると解釈される場合一般の問題であろう。

国籍法は、わざわざ生後認知された子が国籍を取得する制度を作ることを意図して三条一項を設けたはずである。そうすると、準正要件による本件区別が違憲無効であれば三条一項すべてを無効とし、国籍取得を全く認めないとすることは議会の合理的な立法意思とはいえないので、準正要件を可分なものとして扱うことができ、これのみを違憲無効として処理すべきであろう。

三　国籍法三条一項の準正要件を違憲とした多数意見の位置付け

１　国籍法制の性質等

(1)　国籍法制は、どの範囲の人達に日本国籍を取得させ、主権を行使させるかを定めるものであり、そのための理念、原則等は、国際的に共通な面があると同時に、我が国の夫婦共同生活の在り方を含む家族生活や親子関係に関する意識、伝統のほか、父又は母が日本人でない場合の家族共同体の現状とその評価等の我が国固有の事情を包摂するものであって、性質上、立法府の広い立法裁量により決すべき事項である。

しかしながら、本判決が指摘しているとおり、日本国籍は、我が国において基本的人権の保障、公的資格の付与、公的給付等を受ける上で決定的な意味を持つ法的地位であり、それを有する者と有しない者とでは、享受する権利利益において社会的・政治的に格段の差異が生ずるのであり、国籍取得を否定された者の不利益は誠に大きなものがあるといえる。そうすると、日本人の父から生後認知を受けた子にとって、日本国籍を取得できる場合とそうでない場合とが、どこで、何によって線引きされるかは、極めて大きな関心事とならざるを得ないのである。

(2) この問題は、今日の社会において平等原則の持つ意味が大きくなっていること、すなわち不平等となることが社会的に大きな差別ないし差別意識を生み出しかねないという深刻な出来事となるということを示しているといえよう。したがって、立法府は、この点を十分に認識した上で立法裁量権を慎重かつ適正に行使する必要があり、単に、授益的・授権的規定であり、利益が得られないことは権利の侵害ではなく、プラスアルファが得られないことにすぎない（マイナスはない）ので、当然に利益を与えないことも許される、といった割り切った観念で処理することができないテーマというべきである。

2 今日の社会における平等原則と司法部の立ち位置

(1) このようなテーマないし場面で、司法部としての立法裁量に対するチェックの姿勢については、私は、以前に、私の著書『違憲審査――その焦点の定め方』一〇六頁以下で述べているが、これを踏まえると、次のように考えている。

現代社会において、立法裁量の行使は多方面・広範囲に及び、法制度上採用された区別の方法・手段自体が、必然的に広範囲で様々な法的な利益の得喪、侵害等を引き起こし、中には深刻な結果を生じさせるものもあり、軽視できない不平等な結果を生み出すものもある。そうすると、司法部としては、テーマが授益的・授権的条項に関する立法裁量の適否を問題にするものであっても、区別のための方法・手段自体の相当性についても、立法裁量の逸脱濫用がないかを慎重にチェックしなければ憲法適合性を決することができない場合があり、これをしっかりと検討すべきことが今日的な課題であるといえよう。

(2)　本件においては、国籍法三条一項の準正要件を満たさない生後認知された子には、胎児認知の子との関係でも、また、母が日本人である子との関係でも国籍取得において不利益な区別が生じており、また、国籍取得を認める実質的要素ないし指標として考えられる「出生した子の我が国との密接な結び付きの深さ」については、それを示すものとして採用された「準正」という厳しい要件が課されている点でも、その合理的関連性、方法・手段の相当性が深刻に問われることになろう。

(3)　前に述べた「司法部の立ち位置」の観点からすると、このテーマは、司法部としては、正に、基本的人権の擁護の観点、対立法府との緊張関係を踏まえた違憲立法審査権の在りようについての理解及び国民の理解と信頼が得られるかどうかの判断等が求められるところである。本判決が準正要件により本件区別を生じさせている立法裁量権の行使を憲法一四条一項に違反していると判断したのは、正に、この司法部の立ち位置を踏まえて、立法裁量の許否の問題に乗り出していったものというべきであろう。

四　争点②についての多数意見と反対意見との激しい対立

1　多数意見の見解〜不利益解消の方法について

(1)　準正要件は憲法一四条一項に違反しており無効といわざるを得ず、この規定が本件原告の国籍取得を阻害していることになる。そこで、このような違憲状態により生じた不利益（本件区別）を解消する方法を検討してみると、準正要件を含む規定全体を無効とすると、準正子の国籍取得も否定する結果になるが、これは、前記のとおり、立法者の合理的意思と齟齬するので採用できない。そうすると、国籍法三条一項は、六つの要件（前記の(i)ないし(vi)）のうち準正要件（前記の(ii)）のみを違憲無効とすべきである。その結果、同項において準正要件を除いた他の要件（前記の(i)、(iii)ないし(vi)の要件）が満たされる場合には、日本国籍を取得するものと解釈し、原告の国籍取得を認めるべきであり、それこそが合憲的で合理的な法解釈であるとした。

(2)　この解釈が許される理由としては、この解釈は、日本国民との法律上の親子関係の存在という血統主義の要請を満たすとともに、父が現に日本国民であることなど我が国との密接な結び付きの指標となる一定の要件を満たす場合に出生後の日本国籍の取得を認めることになるので、同項の趣旨及び目的に沿うものであることが挙げられる。この解釈については、裁判所が法律にない新たな国籍取得の要件を創設するものであり国会の本来の立法作用を司法部が行うもので許されないとする見方（反対意見の見解）は、国籍取得の要件に関する他の立法上の合理的な選択肢（＊）の存在の可能性を考慮したとしても、当を得ないものであるとしている。

＊　例えば、立法府としては、準正を要件とすることが許されないのであれば、国籍法三条一項に、日本国での一定期間の居住や、父が子の養育を担っていることが明らかな事実等を国籍取得要件とする選択の余地があると考えられようか？

２　反対意見の見解～司法部による法解釈の限界を超えている点

反対意見は、いずれも、多数意見は立法者の意図、同法の趣旨、国会の立法裁量を無視し、国籍法の法体系からして不合理なものであるとした。

(1)　すなわち、甲斐中辰夫、堀籠幸男裁判官反対意見（以下「反対意見１」という。）は、国籍法は、どのような要件を満たす場合に日本国籍を付与するかを定めた創設的・授権的法律であり、同法三条一項は、出生後に認知された者で準正のあった子に国籍取得を認めたものであり、非準正子には国籍を付与する規定とはなっていないので、この準正要件が違憲無効となっても、非準正子の日本国籍付与との関係では、立法不存在ないし立法不作為の状態が存在するにすぎず、原告の国籍取得を認める要件は存在しないといわざるを得ない。これを認める多数意見の処理は、司法部による法解釈の限界を超えるとしている。

(2) また、横尾和子、津野修、古田佑紀裁判官反対意見（以下「反対意見2」という。）も、準正要件を付した点は違憲とはいえないとした上で、仮に違憲であっても、国籍法三条一項は、準正子要件を満たして嫡出子となった子に国籍取得を認めた規定であり、準正を取り除けば、同項は意味のない規定となるだけであり、準正のない嫡出でない子全体に国籍取得を認めた規定とはならない。これを認めることは、法解釈の域を超え、国籍法が定めていない国籍付与を認めるもので、実質的には立法措置である（この非準正子が国籍を取得する方法は、帰化の制度が用意されている。）としている。

五　個別の人権救済を図る司法部の機能と立法裁量
――司法部の立ち位置

1　多数意見が違憲無効とした部分はどこか？

国籍法二条一号は、出生のときに父又は母が日本国民である場合の子の日本国籍の生来的取得について、いわゆる父母両系血統主義によることを定めた規定であり、日本国民たる父が胎児認知した子は、これにより日本国籍を取得する。また、前記のとおり、日本国民である母が出産した場合も、分娩は客観的に明らかな事実であるから、その子は日本国籍を取得するとされている。そうすると、同法三条一項は、結局、法律上の婚姻関係にない日本国民である父と日本国民でない母との間に出生した子で、父から生後認知された者の国籍取得について規定している。そして、多数意見は、三条一項の要件のうち、準正要件は過重なものとして違憲無効と判断した。これは、準正要件を具備している者に国籍の取得を認めたことを問題にしているのではなく、前述のとおり、準正要件を要件として付したことが、その反面、非準正子には国籍の取得を認めないという立法裁量権の行使がされていることになるとし、その部分を違憲無効としたものである。

２　反対意見の違憲無効となる部分の理解

⑴　この点について、反対意見１及び２は、国籍法三条一項については、準正子の国籍取得を定めてはいるが、非準正子の国籍取得については、授益的・授権的立法作用を行うかどうかの問題であって立法裁量事項であるところ、そもそも、何も規定していないので、その点は立法不存在ないし立法不作為があるだけであると主張しているように読める。仮にそうであれば、国籍法は、二条一号により国籍の生来的取得について規定しているが、三条一項はそれ以外の場合、すなわち、生後認知の子

については、どのような場合に日本国籍を取得することになるのかについては、すべてを書き切ってはいない（準正子についてのみ規定している）法律であるということになり、国籍法制度として完成していないものということになろう。

(2) 反対意見の見解は、授益的・授権的規定については、立法裁量権が明確に行使されることにより国民に権利利益が付与されることになるものであり、どのような要件でそれを定めるかは、立法府によって立法行為としてされた部分・結果に限られるという基本的な考え方によるものである。このような見解は、通常はそのような立法権の行使の有無、範囲が明確にされているはずであろうが、国籍法制という全体的、包括的な法制度を創設する場合であってもそのように考えなければならないかについては、国籍法の全体の規定を逐一吟味していく必要がある。この点については、前記のように多数意見が述べる国籍法三条一項の位置付けを踏まえると、非準正子の国籍取得については立法不作為があるのみとするのはいかがなものであろうか？ このことは、国籍法制においては、非準正子が国籍を取得するかどうかは何も定めていない、そういう法制であるということになり、そのような不完全なものということにならないであろうか？

(3) もっとも、反対意見1及び2は、この点について、前記の理解とは別に、次のように考えたとみる余地があろう。

すなわち、準正要件が厳し過ぎ、これにより生じた本件区別が違憲無効とされたとしても、立法府としては、生後認知された子については、いわゆる認知は偽装のおそれがあり、これのみを国籍取得の要件とすることは国籍法制度としては適当でないという立法判断がある。そして、生後認知された子と我が国の密接な結び付きを示す指標としてはそれ以外の比較的軽い要件（例えば、前記四１⑵＊記載のとおり、三条一項に、日本国での一定期間の居住や、父が子の養育を担っていることが明らかな事実等）も考えられるので、そのような他の要件を生後認知の子の国籍取得の要件とするという立法裁量の余地は残っているはずであり、そのような意味で、立法不存在ないし立法不作為の状態であるとしたのかもしれない。

そうであれば、多数意見のように準正要件以外の要件の充足のみで日本国籍を認める法解釈をすることは、結局、司法部が生後認知の子に、その余の要件のみで国籍を認める制度を創設するという一種の立法的作用を行うに等しく、法解釈としての限界を超えているという趣旨を言ったものかもしれない。正に、司法部の判断と立法裁量権の行使とが衝突することになる場面が生ずるのである。

この点については、どのように考えるべきであろうか。

⑷　反対意見１及び２を採る各裁判官は、内閣法制局長官や内閣法制局参事官経験者、あるいは多くの法律の立案作業に携わってきており、その過程で、法制度創設に当たって、一定の法的効果を生じさせるに相応しい要件、実務的に十分機能し得る内容の要件は何かを巡って様々な検討を重ねてきた豊富な経験を有している方々である。本件の反対意見も、立法の領域と司法の領域との棲み分けに

ついて、極めて厳格に考え、授益的な法律効果を生じさせる要件は立法裁量の過程でこそ行うべきであるという見解に基づくものであって、これにより、本件の多数意見には立法裁量を侵害する面があることを強調するものであろう。これは、憲法理論ないし違憲立法審査権の権限の性質とその範囲についての理論的説明として、立法裁量の点に注目するものであり、十分に成り立ち得るものであろう。

3 違憲立法審査権の行使と立法裁量との相克

(1) ところで、司法部に与えられた違憲立法審査権は、憲法に違反する法令等を違憲(無効)と判断するが、その後の処理はすべて立法府に委ねることで任務終了というものではない。司法部に与えられたこの権限は、国民の基本的人権を擁護し、侵害された権利利益を回復することにより個別の救済を図るという司法部の本質的な機能として認められたものである。

たしかに、本件において違憲とされる国籍法三条一項の規定は、それが授益的・授権的規定であって、本来、立法裁量の範囲が広い領域におけるものではある。しかし、それにより生ずる不平等状態は、それが日本国籍の取得という重要な基本的人権に直接関わるものであるから、これが認められないという不利益は、当該子にとって深刻な問題である。司法部としては、そのような場合、違憲ではあるが、基本的人権の侵害が生じているのは専ら立法不作為によるものであり、その救済は、すべからく立法府による立法対応に委ねられるべきものであって、司法部の権限外であるとし、それ以上は口をつぐむことでよいのかが問題となろう。

(2)　そもそも、反対意見の見解によれば、国籍法三条一項のうち準正を要求する点を違憲無効としても、生後認知された非準正子は、国籍を取得するための要件については、立法不存在ないし立法不作為の状態にあるということになり、そうなると、この状態にあることを不法行為であるとして国家賠償法によって慰謝料等の賠償請求をすることができることは別として、最も基本的な法的権利・利益を享受し得る地位である日本国籍の取得は、訴訟によってはおよそ実現不可能ということになる。その結果、原告が請求を基礎付けるものとして主張している内容は、準正要件が違憲無効であろうがなかろうが、国籍取得を基礎付ける理由とはならず、そうなると、そもそも主張自体失当ということになり、本件請求については、常に棄却されることになろう。

そして、準正要件が違憲か否かの判断は、結局、原告の法的権利・利益の侵害を救済するためには意味のないものということになるので、具体的な事件を処理するに必要な範囲で合憲性についての判断を行うという付随的審査制を前提とする我が国の違憲立法審査権の行使としては、本件においてはこの余地はないということになってしまう（個別の救済に関係しない合憲性審査、例えば、法令違憲確認を行うというようないわゆる抽象的な規範統制は、我が国の違憲立法審査制度の埒外である。）。

(3)　この判決には今井功裁判官が多数意見の立場を説明する補足意見を述べられている。それを要約すると、次のようなものである。

国籍法の定める国籍取得の仕組みを見ると、同法は、法的な意味での日本国民の血統が認められる場合、すなわち、法律上の父又は母が日本国民である場合には、国籍取得を認めることを大原則とし、二条はこの原則を無条件で貫き、三条において、準正要件を付加しているということができる。そうすると、三条は、血統主義の原則を認めつつ、準正要件を備えない者を除外した規定といわざるを得ない。その結果、準正子と準正要件を満たさない子との間で平等原則に反し違憲とされる不利益が生ずるので、それを救済するためには、多数意見の解釈は、三条の原則を前提に、除外した部分を違憲無効と判断したものである。その結果、原則のみが残ることになり、三条の他の要件を満たしている場合には日本国籍の取得が当然に認められるのであって、法律の合憲的な解釈として成り立ち得る。

(4) 本件は、法令等の合憲性を審査し違憲の法令による基本的人権の侵害からの救済を図ることが本来の使命である司法部にとって、正にその救済が求められている場面であるから、今井裁判官の説明は、司法部がその本来の使命を果たすため、法令の違憲となる部分を無効とした上で、残余の部分で救済を図るために法令の合憲的解釈を行ったというものであって、司法部としては当然に許されるというものである。

4 私の試論〜司法部による立法的措置としての法令解釈の展開

私は、この今井裁判官の補足意見に加え、争点②についての反対意見が立法裁量権との関係を問題にしている点について、私論を紹介しておきたい。

(1)　今日、授益的・授権的規定における要件設定が結果的に特定の国民に不合理な不平等状態を生じさせ、それが憲法の法の下の平等の原則の趣旨に反するような場合に、それを解決するために一定の授権的要件を設定するに等しい立法的作用を行わなければ、不平等状態が解消されず救済ができないという状況が生ずることがある。この場合、司法部としては、反対意見が言うように立法府の立法対応を待つしかないというのでは、違憲立法審査制度はその面では機能しないということになってしまう。

今日の社会的・政治的状況を見ると、様々な権利利益等を調整し規律するために多種多様で精緻な法制度が多方面にわたって展開し、国民生活全体を規律するようになり、その結果、本件のように、権利の付与等の面で不合理な不平等状態が生ずる事態が起き、それが権利利益の付与の仕方、範囲等によっては深刻な事態を生じさせる結果となってきている。このような複雑多様化した現代社会の到来が引き起こす様々な不利益、不平等状態は深刻度を増してきており、司法部としても、その救済、不平等状態の解消が求められてきた場合、それは正に基本的人権の侵害とその救済のテーマであるから、そのために、何ができるのかをぎりぎりまで検討することが求められてきているはずである。

(2)　そして、そのためには、司法部としては、国家賠償による金銭的賠償は別として、必要最小限度の一定の立法的な措置としての法令解釈を行うことが救済の唯一の途であるような場合もあり、その場合には、その救済の可否、方法を慎重にかつ真剣に検討すべきであろう。本件が正にその場合なのである。すなわち、本件では、関係規定を違憲無効と判断した上で、それ以外の規定が定める要件のみに基づいて国民が権利を取得することを是認することとし、行政庁が行った国民からの権利取得申請の拒否処分を取り消すという判決を行い、権利取得を実現するというのが人権救済の唯一の方法なのである。

司法部としては、立法府との抑制均衡関係、すなわち、立法府の立法裁量権行使との緊張関係を念頭に置いた上で検討することになるが（前記「はしがき」ⅱ頁の司法部の立ち位置①及び②が問題となる。）、その結果、そのような立法的な措置としての法令解釈がおよそできないというのであれば、授益的・授権的規定により生じた不合理な不平等状態、権利侵害状態を解消することは、立法府の対応がない限り、違憲立法審査権の埒外となってしまうのである。

(3)　このような違憲とされる深刻な不平等状態が立法によりもたらされ、立法府が速やかにそれを解消するための立法措置をすることが容易に期待できない状況である場合には、立法者の合理的意思に明確に反する場合でない限り、（必要最小限度の立法的作用ともいえるような）違憲立法審査権に内在する立法的な措置としての法令解釈を行うことがおよそ不可能という見解は、「法の支配」の理念に合致せず、日本国憲法の三権分立の原則にそぐわないものといえるのではなかろうか。このような例外的な場合には、司法部がこのような法令解釈を展開することは、最高裁の違憲立法審査権に制度上内在する、あるいはこれに付随する権能ないし制度を支える原理・作用の一部として、憲法は、あらかじめこれを承認していると考えるべきではないだろうか。

(4)　この点については、私の著書『違憲審査――その焦点の定め方』の「I　衆議院議員定数訴訟の行方／三　判例法理としての定数訴訟の全体像の構築」において、その「4　司法部の『立法的措置』」四〇頁以下で、立法府が機能不全に陥り、憲法秩序が保持されない異常事態となった場合、憲法秩序を回復させるために司法部が、極めて例外的に「立法的措置」をすることは応急措置としてできることを示唆した。

また、最高裁平成二五年九月四日大法廷決定（民集六七巻六号一三二〇頁）は、嫡出でない子の法定相続分を嫡出子のそれと区別する民法の規定を違憲無効としたが、その際、この判断の遡及的適用を制限する趣旨の判示をしている。前記の私の著書の「Ⅲ　法令違憲の大法廷決定の遡及効を制限する法理」の項では、この大法廷決定と、そこに付した私の補足意見を紹介している。そこでの私の補足意見は、同書の八二頁以下で、法令を違憲無効とする大法廷決定の判断の事実上の遡及効の制限を判示したことについて、司法部が、立法府が行う改正法の附則による対応と類似の経過措置についての立法的判断・対応ができることは、違憲立法審査制度の一部として当初から予定されており、この違憲判断の遡及効を一定程度制限する判示は、違憲立法審査権に性質上内在する、あるいはこれに付随する制度を支える原理・作用の一部であるとした。

(5)　これらの詳細は同書に譲るが、本件大法廷判決は、これらより以前の最高裁大法廷の憲法判例であり、その意味でも先駆的な意味を有している。そして、本件大法廷判決を含むこれらいずれもが、違憲審査によって法令を無効とする際には、司法部の立法府に対する柔軟で最小限度の立法的な措置としての法令解釈を行う必要がある場合があり、そのような権限は、制度の性質上内在しており、憲法において、違憲立法審査権が機能するために付随的に認めているはずの権能であると考えていたものといえる。

(6)　なお、本件においては、立法府が、本件大法廷判決後に、準正に替わるより軽い要件を付加した国籍法の改正を行おうとするのであれば、それは当然に許容されるところであり、本判決もそれが違憲で許されないとはしていない（本判決の違憲判断の射程範囲外である。）。したがって、この点について、事後に、立法府において、我が国との結び付きの薄い者にまで国籍取得を認めるのは不適当であるという政策的判断がされる場合には、準正のような過大な要件ではなく、我が国との結び付きを示す指標となる他の一定の要件について、事後に改めて国籍法三条一項の要件に付加するような法改正をすることは、司法部はそれを違憲とする判断を示しているわけではないので、当然に不可能ではなく、この点について、この大法廷判決が将来に亘る立法裁量権の行使を規制したり介入したりするものとはいえない。

しかし、立法府がそれを行わないでいる限り、司法部としては、個別の救済をしないまま放置するのではなく、準正要件を違憲無効としそれ以外の要件を満たせば国籍の取得を認めるような処理も、違憲立法審査権に内在する立法的な措置としての法令解釈として行い得るし、それは反対意見の指摘するように、立法裁量権を侵害する一種の立法的作用であり許されないものとまでいう必要はないと考える。

(7)　いずれにしろ、本件は、最高裁大法廷において、司法部の違憲立法審査権の行使と立法府の立法裁量との抑制均衡をどのようにして調整するのか、立法的作用がどの範囲まで許されるのか等を巡る司法部の立ち位置の問題について、様々な議論を重ねた末、司法部が立法裁量に関わる領域においても、必要な限度で、人権救済の方向に踏み出した判断を示したものである。

私としては、この大法廷判決は、立法府における立法裁量と司法部の違憲審査との抑制均衡の問題についての一つの回答を示し、これ以降、今日に至るまでの憲法判例の大きな流れの基礎となる司法部の立ち位置を確立したものと考えている。

5　判決言渡し時の思い出

私は、当時、最高裁首席調査官としてこの事件に関与しており、大法廷の傍聴席の片隅で、本判決の言渡しに立ち会っていた。傍聴席の最前列には、本件の上告人である少女とその姉妹達が緊張した面持ちで座っていたが、判決が言い渡された時、彼女達は、立ち上がって歓喜して抱き合い、涙を流しながら体を揺すって嗚咽を始めたのである。私はこの様子を目撃して心を打たれ、言い知れぬ大きな安堵感のようなものに包まれたという思い出がある。裁判は、感情に流されず冷静な思考が支配する領域であるはずであるが、司法の判断により、長年損なわれていた人権の救済を図る結果を生じさせたということが目の前で展開したのであって、私としては、そのことに感慨を禁じ得なかったのである。

このときの光景は、いまだに昨日のことのように蘇ってくる。

Ⅲ　保革の政治的対立と公務員労働事件を巡る司法部の立ち位置

――横田喜三郎長官らと石田和外長官らが見ていた世界の相違

＊1　全逓東京中郵事件大法廷判決：裁判長は横田喜三郎長官
（最大判昭和四一年一〇月二六日・刑集二〇巻八号九〇一頁）

＊2　都教組事件大法廷判決
（最大判昭和四四年四月二日・刑集二三巻五号三〇五頁）

＊3　全司法仙台支部事件大法廷判決
（最大判前記同日・刑集二三巻五号六八五頁）

＊4　全農林警職法闘争事件大法廷判決：裁判長は石田和外長官
（最大判昭和四八年四月二五日・刑集二七巻四号五四七頁）

＊5　岩教組学テ事件大法廷判決
（最大判昭和五一年五月二一日・刑集三〇巻五号一一七八頁）

＊6　全逓名古屋中郵事件大法廷判決
（最大判昭和五二年五月四日・刑集三一巻三号一八二頁）

一　問題の所在

1　公務員の争議行為に対する刑事罰を制限する判決

我が国の昭和三〇年代から四〇年代は、政治的には保革の対立が激化してきた時代であったが、その過程において公務員の争議行為も次第に政治色を増し、大規模な政治闘争として展開されるようになり、それが法廷闘争という形で裁判所に持ち込まれた時期でもあった。この時期に、全逓東京中郵事件大法廷判決、都教組事件大法廷判決及び全司法仙台支部事件大法廷判決（前記＊1～＊3）は、公務員の争議行為を禁止する公共企業体等労働関係法（当時。以下「公労法」と略称する。）、地方公務員法、国家公務員法等の規定の合憲性や禁止された争議行為への参加者に対し刑事罰を科すことができるか等が争われた事件についてのものである。

その内容は、公務員の労働基本権等を尊重すべしとする国連のＩＬＯドライヤー報告等を踏まえた国際法学者の横田喜三郎長官及び横田長官の教え子ともいうべき行政法学者田中二郎判事の考え方（公務員の労働基本権の擁護という公法理論や国際法理論の潮流を尊重するもの）が支配したもので、いわゆる鳩派的判決といわれるものである。そこでは、争議行為に対する刑罰規定について、それを限定する方向でいわば合憲的な解釈をした上でその対象を縮小して適用する判断を示したものである。

２　公務員の争議行為に対する刑事罰を容認する判決

他方、その後に現れた全農林警職法闘争事件大法廷判決、岩教組学テ事件大法廷判決及び全逓名古屋中郵事件大法廷判決（前記＊４～＊６）は、このテーマでは、従前から、多数意見の合憲限定解釈等に対して反対意見を述べてきた石田和外長官らの考え方がその後に多数を占めたため、これが多数意見となって短期間で一連の判例変更を行ったものである。

３　公務員労働事件の判決の変遷の要因

このように、短期間に基本的な判断の枠組み及びそれによる結論が逆転する判例変更が行われたのは、どのような要因によるのかが問題であり、様々な見解が存在するところである。この点については、後に詳述するとおり、あるべき司法部の立ち位置についての考え方がいわゆる鳩派の裁判官と石田長官時代以降の多数派の裁判官とで異なっていたことに根ざすものではないかと考えている（＊）。

＊　この項は、渡辺康行ほか編『憲法学からみた最高裁判所裁判官』（日本評論社、二〇一七年）冒頭の私の論文「『憲法学からみた最高裁判所裁判官』の意義と今後の展望」七～一一頁で簡単な試論を紹介したテーマを更に展開したものである。

二　違法な公務員の争議行為に対する刑事罰の可否についての司法部の判断の変遷（その一）

1　横田喜三郎長官時代の違憲立法審査権の位置付け

(1)　横田喜三郎氏は、最高裁判事を経ずにいきなり最高裁長官に就任しており、昭和三五年一〇月二五日から同四一年八月五日まで在任した。当時、日本経済は、飛躍的な発展を遂げる高度経済成長期へと突入していたが、政治状況においては、前述のとおり、保革の対立が激化し、大規模な政治・経済闘争も展開され、司法部もその激動の渦に巻き込まれるなど、公務員による争議行為が社会的・政治的に様々な影響を与え、注目される状況下にあった。横田長官の時代は、司法部にとって、憲法が規定している基本的人権や違憲立法審査権の意味等との関連において、司法部の本質、機能を探りながら揺れ動いた時代でもある。

(2)　横田長官は、我が国における権威ある国際法学者であるが、当時の社会的・政治的状況下で、その法思考を展開し、今日の司法部の基礎を築くこととなった。

具体的には、前任の田中耕太郎最高裁長官時代に、米国の違憲立法審査制度に倣って呈示された、我が国の司法部の本質、機能を規定する一連の判例理論（統治行為論、政治問題の理論、付随的審査制等）

をそのまま踏襲する内容の著書等を著している（＊）。これらの判例理論は、我が国においては先例もないため、米国の憲法判例における司法の役割、そこで生成された司法部の違憲立法審査権行使の姿勢に関する判例法理等を参考にしながら、我が国における「司法部の立ち位置」すなわち司法部の本質、その機能を探る中で、自然な流れとなったものであろう。横田長官の著作等では、違憲立法審査権の行使は慎重であるべきことが繰り返し述べられ、その意味で司法消極主義的色合いの記述が多いのは、当時の司法部の置かれていた状況が影響しているものと思われる（＊＊）。

＊　横田喜三郎『違憲審査』（有斐閣、一九六八年）、同『裁判の話』（講談社現代新書、一九六七年）六一頁「(6)　違憲審査権の行使は慎重に」等がある。

＊＊　横田長官の違憲立法審査制観については、山元一「最高裁に舞い降りた『国際民主主義者」前記『憲法学からみた最高裁判所裁判官』七一頁以下がある。

田中耕太郎長官を経て横田長官時代に確立された前記の統治行為論等の判例法理は、それをどのような事案に適用するかの問題はあるものの、それ自体は、今日においても、政治的問題に対する司法部の基本的な姿勢を示すものとして、確固たる地位を占めているものであり、今日の違憲立法審査権の行使の基本的な枠組みを構築していることも事実である。

(3)　ここでは、当時の司法部が置かれていた状況等を踏まえ、司法部の立ち位置の観点から、まず、横田喜三郎長官が関与し、その退官直後に言い渡された全逓東京中郵事件大法廷判決と、それに続く都教組事件大法廷判決及び全司法仙台支部事件大法廷判決という一連の公務員労働事件に関する大法廷判決を取り上げ、そこからうかがわれる司法部の機能、性質がどのようなものとして考えられていたのかを探っていきたいと考える。

2 全逓東京中郵事件大法廷判決等の基本姿勢

(1) 事案の概要等

この事件は、昭和三三年の春闘の際に、全逓信労働組合中央執行委員、同組合関東地方本部等の役員ら八名が、闘争を有利に展開するために、東京中央郵便局勤務の郵便物取扱従業員多数に対して、「勤務時間内喰い込み職場大会」に全員統一行動をとって必ず参加することを説得し、それに応じた三八名の従業員が二時間四〇分から六時間余にわたり、郵便物の取扱いをしなかったが、この職場離脱による郵便物不取扱いが公労法一七条一項の争議行為（同盟罷業）であり、違法とされているものであるから、この八名の行為が郵便法七九条一項の郵便物の取扱いをしない等の罪の教唆罪に当たるとして公訴提起されたものである。

一審の東京地裁は、彼らの行為は、労働組合法一条二項の労働組合の正当な争議行為に当たるとし、全員に無罪を言い渡したが、控訴審は、公労法で禁止されている争議行為について、正当性の限界如何を論ずる余地はなく、労組法一条二項の適用はないとして、一審判決を破棄し、差し戻す旨の判決をしていた。

その上告審であるこの大法廷判決は、上告趣旨を①公共企業体等の職員の争議行為を禁止した公労法一七条一項の合憲性と、②この禁止に違反して争議行為がされた場合に刑事免責を定める労組法一条二項の適用があるか、の二点にあるとした上で、まず、これらの論点に対する判断の前提として、労働基本権の憲法上の意義とこれに対する（刑事的）制裁についての基本的な考え方を説示している。

(2)　多数意見の基本的な考え方――鳩派的人権思想

①　まず、公務員や公共企業体等職員の労働基本権は生存権保障の理念に基づき憲法二八条の保護の対象となるとした上で、その制約は、国民生活全体の利益の保障という内在的制約であり、具体的に制約される場合の基準として、従前の公共の福祉論や全体の奉仕者の観点のみから安易に合憲性を是認する判断（例えば、政令二〇一号事件大法廷判決・最大判昭和二八年四月八日・刑集七巻四号七七五頁、国鉄檜山丸事件判決・最二小判昭和三八年三月一五日・刑集一七巻二号二三頁）ではなく、次のような四つの判断基準を呈示した。

(i)　労働基本権を尊重し確保する必要と国民生活全体の利益の確保等の必要とを利益衡量した上で決定され、制限は合理性の認められる最小限度に止めるべきであること

(ii)　労働基本権の制限は、当該業務の停滞が国民生活に重大な影響を及ぼすことを避けるために必

要やむを得ない場合であること

(iii) 制限違反に対し課される不利益は必要な限度を超えてはならず、特に違法な争議行為等に対し刑事制裁を科すことは必要やむを得ない場合に限られるべきであり、同盟罷業のような単純な不作為を刑罰の対象とするには特別に慎重でなければならないこと

(iv) 労働基本権を制限することがやむを得ない場合は、これに見合う代償措置を講ずべきであること

以上である（以下、これらを「四つの基準」という。）。

② 次に、公労法一七条一項に違反してされた争議行為にも労組法一条二項の適用があるかという点について、これを肯定した上で、争議行為が、労組法一条一項の目的を達するためのもので、かつ、単なる同盟罷業等のような不作為が存在するに止まり、暴力行為等の不当性を伴わない場合は、正当なものとして刑事制裁の対象とはならないとした。そして、刑事罰の対象となるのは、労組法一条一項の目的のためではなく政治的目的のために行われたような場合とか、暴力を伴う場合とか、社会通念上不当に長期に及ぶ場合であるとした。

③ このように、本判決は、労働基本権を保障している憲法の基本理念からすると、公務員の労働基本権であっても尊重されるべきであり、それを制限している実体法等の解釈において、両者の間に調和と均衡が保たれるよう、法解釈をすべきであるとしている。そこでは、労働基本権の保障に関し

ては際立った鳩派的人権思想に基づく姿勢が看て取れるものとなっている。

この大法廷判決の多数意見は横田長官、田中二郎判事ら合計八名であり、石田和外判事ら三名と五鬼上堅磐判事の合計四名が反対意見を述べているほか、二つの補足意見も付されており、活発な議論がされたことがうかがわれる。

④　私は、学生時代、芦部信喜教授の憲法の講義で労働基本権を保障する憲法理念を謳った全逓東京中郵事件大法廷判決を教わり、その人権感覚に溢れた判断に触れ、感激したという思い出があるが、長年の裁判官としての経験を経た今、公務員労働と当時の社会的・政治的状況下でのこの出来事の意味を、また、別の観点からかみしめているところである。

(3)　多数意見の基本姿勢のその後の承継

この多数意見の基本姿勢は、その後も承継され、昭和四四年四月二日の都教組事件大法廷判決では、全逓東京中郵事件大法廷判決の一般論を引用した上で、地方公務員法六一条四号の罰則の対象となるあおる行為等に該当するかどうかの判断において、当該争議行為が地公法三七条一項の禁止する行為に該当しかつ違法性が強い場合で、さらに、同法六一条四号にいう共謀、そそのかし、若しくはあおる行為（以下、これらの行為を「あおる行為等」という。）はそれ自体にも強い違法性がある場合にのみ刑事罰の対象になるとして、いわゆる「二重のしぼり」をかけ、争議行為に通常随伴して行われる行為は処罰の対象とならないと判示し、無罪の判決をした。

また、同日の全司法仙台支部事件大法廷判決も、新安保条約反対をスローガンにして行われた裁判所の職場大会の開催という争議行為が国家公務員法一一〇条一項一七号のあおる行為等に当たるかが争われたもので、争議行為が政治的目的のために行われた違法性の強いもので、正当性を有しないことは明らかな事案であって、あおる行為等が争議行為に通常随伴するものとは認められないとして一部の者の行為を有罪とした原審の判断を維持してはいるが、それを制限することが許される場合についての基本姿勢は、全逓東京中郵事件大法廷判決の法理を前提としたものとなっている。

三　違法な公務員の争議行為に対する刑事罰の可否についての司法部の判断の変遷（その二）

しかしながら、これらの一連の大法廷判決については、前記のとおり、その後、次々と最高裁大法廷判決により判例変更等が行われた。

1　全農林警職法闘争事件大法廷判決

全逓東京中郵事件大法廷判決から約六年半後、全司法仙台支部事件大法廷判決から約四年後の昭和四八年四月二五日に、全農林警職法闘争事件大法廷判決が言い渡された。それは、国家公務員である全農林労働組合の役員が、警察官職務執行法改正法案の反対を運動のスローガンとして掲げ、職場大会のために職場離脱を慫慂したことに対し、国家公務員法九八条五項（現二項）、一一〇条一項一七号を適用して起訴された事件についてのものである。そこでは、国家公務員の労働基本権の性質上、当然に一定の制約を受けるが、公務員に対しても国民全体の共同利益を維持増進するということの均衡を考慮しつつ、労働基本権を尊重する立場から、国家公務員法は、特に罰則を設けることにつき最小限度に止めようとしている態度をとっているとした上、法一一〇条一項一七号は、違法な争議行為をあおる行為等をした者に限って刑罰を科することとしていることを取り上げ、この趣旨は、全逓東京中郵事件大法廷判決の多数意見において指摘されているところであると判示した。

しかし、その上で、違法な争議行為をあおる行為等について争議行為に通常随伴して行われる行為は処罰の対象とならないという、いわゆる「二重のしぼり」をかけた前記の全司法仙台支部事件大法廷判決について、この不明確な限定解釈は処罰範囲を不明確にする問題があるとして採用せず、その限度で判例変更をした。

２　岩教組学テ事件大法廷判決

次に、昭和五一年五月二一日の岩教組学テ事件大法廷判決は、岩手県内学校教職員で組織する教員組合の中央執行委員長らが、昭和三六年度全国中学校一せい学力調査実施に反対するため、組合員らをしてこの実施を阻止する争議行為の遂行をあおり、中学校に赴こうとするテスト立会人らを道路上で阻止させた行為が、地方公務員法六一条四号、三七条一項、道路交通法一二〇条一項九号、七六条四項二号、刑法六〇条に該当するとして、起訴された事件についてのものである。そこでは、地公法三七条一項、六一条四号の法意等が問題になった。地公法六一条四号も、国家公務員法と同様に、争議行為の単純な参加者ではなく争議行為をあおる行為等をした者についてのみ刑罰の対象としていたが、この点についても、同判決はあおる行為等について更に「二重のしぼり」をかけて処罰範囲を限定する解釈をすることを否定しており、その限度で、前記の都教組事件大法廷判決を変更するなどし、この点で全農林警職法闘争事件大法廷判決と同様の対応をしている。

これらの判決では、公務員法が刑事罰の対象とした、違法な争議行為を「あおる行為等」をした者について、全逓東京中郵事件大法廷判決が示した公務員の労働基本権保護の観点から更に合憲限定解釈により絞り込んだ解釈をした処理には問題があるとして、否定的な判断を示したものである。

3　あおる行為等に関し「二重のしぼり」をかける解釈について

都教組事件大法廷判決及び全司法仙台支部事件大法廷判決が違法な争議行為をあおる行為等の該当性において、二重のしぼりをかける合憲限定解釈を行った判示部分は、前記のとおり、その後否定されるに至ったが、そもそも「二重のしぼり」をかける合理性があるのかについては、違法な争議行為を行ったことに対する刑事制裁は抑制的に対処すべきであるとする考え方を前提にしても、問題があろう。

違法な争議行為が全司法仙台支部事件での新安保条約反対を掲げるような政治的目的の行為であったり、社会通念に反して不当に長期に及び国民生活に重大な支障を及ぼす等の違法性の強いものであれば、労働者の労働条件の向上を図る手段として認められている労働基本権の行使とは無縁なものといわざるを得ず、労組法一条一項の目的外の行為であるから、労働基本権の保障の観点からの配慮を及ぼす余地はないはずである。また、「あおる行為等」についても、これを、争議行為に通常随伴する行為（すなわち、通常随伴するあおる行為等）を除くとする処理も、「通常随伴する」の意味が明確でなく範囲が不明であり、通常随伴するもの以上の強い違法性のある行為がどのようなものを想定しているのかは明らかではない（暴力的な行為が伴うものであれば、そもそも労働基本権の行使とはいえないであろう。）。そもそも、公務員が行う争議行為は、組織的に多数の組合員が加わって広範囲に行われるもので、本来的に国民生活に与える影響は大きく、それをあおる行為等はその原動力となる指導的な行為であるから、その違法性は格段に強いものとみられるはずである。

このような「二重のしぼり」をかける解釈は、労働基本権の保護の理念から当然に導かれるものとはいえず、あるいは、裁判所が、政策的な観点から刑事罰を否定する立法裁量権の行使と類似した法解釈を行っているようにみられるおそれがあろう。

4　全逓名古屋中郵事件大法廷判決による違法な争議行為と刑事罰についての基本的な考え方の呈示

最後に、昭和五二年五月四日に言い渡された全逓名古屋中郵事件大法廷判決は、全逓東京中郵事件大法廷判決と同様に、公労法一七条一項違反が再び問題となった事件についての大法廷判決である。この判決は、改めて、公務員の労働基本権の制約、特に違法な争議行為に対する刑事罰の適用問題に関しては、全逓東京中郵事件大法廷判決の基礎をなす見解と異なる部分が少なくないとして、広範囲に詳細な検討を展開している。そこでは、後にも触れるが、従前のような、公務員の労働基本権の制約はできる限り制限的なものとすべきであるとする理念を前面に出した解釈ではなく、対象となるのが、合憲性を承認された法令によって禁止されている違法な争議行為である点を踏まえ、また、事案の内容を踏まえ、刑事制裁の可否、範囲等を考えていくという立場を明らかにしており、公務員の労働基本権の保障という理念的な観点からのみ関係法令の合憲限定解釈的な処理をすべしとする全逓東京中郵事件大法廷判決の見解ないし視点は採らないという立場が判示されている。この判断は、今日において、この問題の処理についての基本的な考え方となっているといえよう。

四　このような判例変更がされた要因は何か？

以上のように、全逓東京中郵事件大法廷判決等は、わずか数年で判例変更が行われるという展開に見舞われることとなった。

この点については、一連の鳩派的判決を嫌った政府により、最高裁判事の人事の際に多数派の入れ替わりを図ったことを要因に挙げる見解もあろうが、この見解によれば、それ以上の憲法論的な検討は不要ということになりそうである。しかし、私は、次の二つの視点から、この問題を考えてみたいと思う。すなわち、

(i)　前記のとおり、横田喜三郎長官らにおいては、本来、違憲立法審査権の行使についての強い消極的姿勢があったが、そのことと、全逓東京中郵事件大法廷判決が宣明している基本姿勢、すなわち、公務員の労働基本権の保護を憲法理念から重視し、その制限に対する極めて厳格な姿勢を示していること、その二つの姿勢の間に大きな落差があること（要因１）

(ii)　この時代の公務員労働を巡る社会的・政治的状況と司法部を取り巻く環境を前提に、司法部の立ち位置についての基本的な考え方に関して、多数意見と反対意見とに大きな相違があること（要因２）

この二点が、このような判例変更がされた要因ではないかと考えている。

1　横田喜三郎長官らの違憲立法審査権の行使についての消極的姿勢と全逓東京中郵事件大法廷判決が宣明している基本姿勢との落差（要因1）

(1)　横田喜三郎長官の消極的姿勢

横田喜三郎長官は、退官後に出版された前記の『裁判の話』では、その「まえがき」において、日本の裁判の制度はどうなっているのか等について、平易に書いてみたいとしており、全体として平明で率直な語り口の文章を綴っている。そのうちの「4　裁判所の違憲審査権」の項（同書四九頁以下）において、わざわざ「(6)　違憲審査権の行使は慎重に」という表題を付して、「国民によって選ばれ、国民に対して責任をおうものが制定した法律を、国民によって選ばれず、国民に対して責任をおわないものが無効とするものですから、いわば異常なことともいうべきであります。」と述べ、裁判官が違憲審査によって法令を無効とすることは、よほど慎重に行わなければならないと結んでいる（＊）。

＊　前記の横田喜三郎『違憲審査』は、米国の最高裁判例の研究をまとめた八〇〇頁を超える大著であるが、そこでも同様の主張が窺える。

(2)　全逓東京中郵事件大法廷判決における落差

全逓東京中郵事件大法廷判決は、前記のとおり、司法部として、労働基本権の重要性を認識し、その制約を可能な限り最小限にすべきであるとする人権感覚を基にしたものである。すなわち、違法な公務員の争議行為に対して安易に刑事罰の対象とする公労法の法制度の解釈は憲法の基本的人権思想に反しているとして、公労法一七条一項、郵便法七九条一項に違反する争議行為であっても、刑事制裁については原則としてその対象とならないような合憲的な法解釈（すなわち、違法な争議行為であっても、労組法一条二項が適用され、刑法三五条が規定する「正当な業務による行為」に当たるとして刑事制裁を否定する解釈）を行い、労働基本権の保護を徹底する判断を示した。しかし、この判断を、司法部の有する違憲立法審査権を積極的に行使しようとする考えを前提に違憲立法審査的処理を行ったものであると評価することについては、前記の横田長官が有する違憲立法審査権に対する消極的な姿勢との間に落差があり過ぎ、大きな違和感を感ぜざるを得ない。

この判決は、本当に、違憲立法審査権の行使としての処理なのか。あるいは、国際法学者としての横田長官の国際法制との調和やあるべき公法理念がそのまま表に出た処理なのではないか等については、もう少し詳細に見ていく必要があろう。

(3) 多数意見の説示の検討――気になる点

そこで、この大法廷判決の多数意見の説示を詳細に見ていくと、気になる点が色々と目に付くのである。

① まず、多数意見の理由には、最初に、通常見かけるような、本件の経緯・事案の概要や公訴事実の摘示、第一審、原審の判断の紹介、本件における争点の紹介はなく、また、法令の合憲性審査と

いう観点からは、公務員の労働基本権の行使の特殊性、争議行為を禁止する公労法等の法制度の意味、この法制度を支える立法事実等の状況、この法制度が、禁止している違法な争議行為に対してどのような評価をし、どのような制裁を用意しており、それが憲法上どのような問題を生じているか等の指摘も一切されていない。すなわち、現行法制度の様々な問題点をまず呈示し、その上で逐次実証的な検討を始めるという論述の進め方はしていないのである。

そうではなく、多数意見は、まず冒頭（理由の一及び二）から、いきなり被告人ら及び弁護人の上告趣意に対する直接的な判断、すなわち、上告趣意の公労法一七条一項の憲法適合性と同項に違反する争議行為についても労組法一条二項の適用があるかという点についての判断から始めている。

② そこでは、勤労者一般の労働基本権が生存権の保障を基本理念とするもので、その制限を定めている場合でも、労働基本権保障の根本精神に即してその制限の意味を考えるべきであるという基本的な視点が述べられ、その上で、公務員も憲法二八条の勤労者であるから、原則的にはその保障を受けるべきであるとし、ただ、担当する職務の内容に応じて私企業の労働者と異なる制約を内包しているに止まるとしており、公務員の労働基本権の特質は、軽く扱われている。

③ 次に、労働基本権が制約され刑事制裁が科されることが許される場合として、前記に紹介したとおり、四つの基準が一般的に示され、それに従って、刑事制裁を科することは、必要やむを得ない場合に限られるべきで、同盟罷業等の単純な不作為を刑罰の対象とすることには特別に慎重でなけれ

ばならないと結論付けている。

④　すなわち、この説示は、具体的な公務員労働関係法制あるいは公労法適用職員について争議行為を禁止した公労法一七条一項についての合憲性審査における判断枠組みを示すのではなく、公労法適用職員も勤労者一般として扱われるべきであるとした上、突然、「労働基本権」というものに対し、その規制として刑事制裁が許される場合の基準を一般的に四つにまとめて呈示しているのである。

この論述の進め方をどうみるべきなのであろうか。

(4)　公労法が争議行為を禁止している点の一般的な説示について

公労法一七条一項が争議行為を禁止し、郵便法七九条一項がそれを刑罰の対象としていることは、公労法適用職員の職務の特殊性に着目し、郵便物の不取扱いという争議行為が、私企業の怠業等とは異なり、国民の日常生活上の様々な便宜を阻害するもので、違法性が強いとされた結果である（多数意見においても、郵便業務の強い公共性があるので、罰則をもって臨むことは合理的で必要の限度を超えないとしている。）。そうであれば、合憲性の審査においては、そのような職務の特殊性について触れた上で、違法性が強いことを根拠に刑事制裁の対象とすることの合理性・合憲性が判断されるべきであろう。

すなわち、労働基本権であっても、それが公務員や公労法適用職員の場合には、私企業の勤労者と異なる面が多く、特にその争議行為は、業務の不提供が国民生活の様々な場面で直接的な支障を生じさせ、また、我が国の当時の状況からしても、それが全国的な規模で組織的かつ広範囲に行われ、影響が甚大となることから、法律で禁止され、郵便法で刑事罰の対象とされたのであり、この特殊性、合理性をどう考えるかが、正に公務員の労働基本権の制約の許否、刑罰を科すことの適否等を検討する際の要点であろう。

しかし、多数意見は、その点の具体的な検討を行う前に、刑事制裁は抑制的であるべしとして、それが例外的に許される場合について、まず四つの基準を抽象的に呈示しており、結局、違法な争議行為であっても同盟罷業等の単純な不作為に刑罰が科せられることは許されないとした上で、このような行為に対しては労組法一条二項の正当な行為として刑罰を科すことはできないと一気に結論付け、そのような法解釈を展開していくのである。

これは、その判示内容の当否、賛否は別にしても、一般的、理念的に違法な争議行為に対する刑事罰の可否を述べているのであって、その点で、通常の法令の合憲性審査とは異なる様相を帯びているといえる。

(5) 法制度の変遷から結論を出す方法について

① さらに、多数意見の理由三では、「労働基本権制限の具体的態様についてみるに」として見解を示しているが、ここでは、法規制の変遷等を紹介している。すなわち、昭和二三年七月三一日「政令第二〇一号」が制定されるまでは国家公務員や地方公務員も、一定の職員を除いて、一般労働者と同様に、団結権・団体交渉権・争議権等について制限されず、争議行為も許されていたが、政令二〇

一号によって、公務員は、国家公務員たると地方公務員たるとを問わず、何人も一切の争議行為等が禁止され、違反者には刑事罰が科されることになったと指摘している。その上で、しかし、国家公務員法は昭和二三年一二月三日に改正施行され、争議行為の遂行を共謀し、あおり等の行為を企てた者だけが処罰されることとなり、昭和二四年六月一日施行の公共企業体労働関係法では、国鉄等の公共企業体職員は、一切の争議行為を禁止されたが、その違反に対する刑事制裁を定める規定を欠いていた。その後同法は昭和二七年七月三一日に改正され、郵政職員等の五現業の職員も対象に加えて公共企業体等労働関係法と改称された。そこでは、国家公務員法の適用は排除され、郵政職員の争議行為は、公労法一七条一項で禁止されたが、その違反者に対しては、教唆、煽動等を問わず、公労法によって刑事責任が問われることはなくなったと説示している。

② 多数意見は、このような公務員の労働基本権、特に争議行為の禁止についての法制度の変遷からして、争議行為禁止違反に対する制裁は次第に緩和されていることから、比較的簡単に、刑事制裁は正当性の限界を超えない限りこれを科さない趣旨であるとし、公労法三条が刑事免責に関する労組法一条二項の適用を排除していないのはこの趣旨であるとしている。

その上で、争議行為が労組法一条一項の目的を達するためのものであり、単なる同盟罷業等の不作為が存在するに止まり暴力の行使等の不当性を伴わない場合には、正当な争議行為として刑事制裁の対象とならないことは、労組法一条二項が明らかにしているとおりであり、郵便法の罰則は適用されないこととなるとした（なお、逆にいえば、争議行為が労組法一条一項の目的に沿わず、又は暴力の行使その他の不当性を伴う場合には、罰則が適用されるので、この点は、具体的な事実関係に照らして判断すべきであるとして、原判決を破棄し、更なる審理を尽くすべきであるとして原審に差し戻している。）。

(6) 法令の変遷からいきなり結論を出すことの問題点等

① このように、多数意見は、公務員の労働関係を規律する関係法令の変遷（刑事罰の範囲を狭める傾向がある点）を判示し、それと公労法上、違法な争議行為に対する罰則が規定されていないことを理由に、公労法適用職員の違法な争議行為であっても、単なる不作為に止まる場合には、郵便法七九条一項の郵便物の取扱い等をしない罪の適用については、正当な行為として労組法一条二項の適用を認め、正当な業務による行為であるから罰しないことになるという判断を進めている。

このように、関係法令の変遷等からここまで法解釈として結論付けをしているが、しかし、このような法解釈はいささか短兵急であるような印象を受ける。率直な感想としては、具体的な関係条項の内容とその背景にある考え方等について、もう少し、詳細で多面的な検討がされて然るべきではなかったかという疑念が感じられるところである。

② 具体的には、法令の変遷の有する意味の分析において、関連する具体的な条文の差異がどうであるのか、国家公務員法改正後も公労法一七条一項が公労法適用職員の争議行為を禁止している趣旨をどうみるのか、郵便法七九条一項が郵便物の不取扱いに例外なく刑罰を科していることの意味の分

析や評価如何、公務員の争議行為等を巡る当時の社会的・政治的状況をどう理解しているのか、先進諸国の公務員関係法制との比較如何等の詳細な検討が望まれるところであろう。

③　しかしながら、多数意見が一気にこのような認定判断を行ったのは、その根底に労働基本権の保護という理念に対する強い思いがあったためであろう。いずれにしろ、この説示は、司法部の違憲立法審査権の行使による実証的な考察・合憲性の判断というよりも、やはり人権保障の法理念への信奉が決め手となった法解釈であるといえそうである。

(7)　法令変遷の検討における全逓名古屋中郵事件大法廷判決との相違

ところで、関係法令の変遷に着目する点は、詳述は省くが、昭和五二年五月四日の全逓名古屋中郵事件大法廷判決でも同様な検討をしており、両判決間でその相違が際立っている。この大法廷判決は、全逓東京中郵事件大法廷判決を一部破棄してはいるが、郵便法七九条一項の罰則の適用について、あおる行為等の積極的行為ではなく、同盟罷業等の単なる不作為に止まる行為には及ばないとする解釈を示しており、その点は、全逓東京中郵事件大法廷判決の結論と大差がないと思われる。しかし、その判示内容を詳しく見ると、判決理由において、詳細かつ広範囲の分析と検討をしていることが対照的である。

以下、全逓名古屋中郵事件大法廷判決を少し詳細にみていこう。

①　すなわち、理由の「三　公労法一七条一項違反の争議行為と刑事法上の違法性」では、争点は、

公労法一七条一項に違反して行われた争議行為が郵便法七九条一項その他の罰則の構成要件に当たる場合に、なおも労組法一条二項の適用があると解すべきかの問題であるとし、ある行為がこの罰則の構成要件を満たし、かつ、特段の違法性阻却事由がない限りは違法性が認められる場合に、それが争議行為として行われたときは、そのこと故に特段の違法性阻却事由があると認められるべきかどうかという解釈の問題にほかならないとした。その上で、これに対して、公労法一七条一項による争議行為の禁止が憲法二八条に違反しないこと及びその行為がこの禁止に違反して行われたことのみを根拠に、直ちに違法性の阻却を否定する結論を導くのは相当でないとし、さらに、広く憲法及び法律の趣旨にかえりみて、解釈上、違法性の阻却を肯定する余地があるかどうかを考察して結論を下す必要があるという基本姿勢を呈示した。

② その上で、

(i) 憲法二八条の趣旨からの検討において、全逓東京中郵事件大法廷判決の人権尊重の近代的思想から刑事制裁が必要やむを得ない場合に限られる等としている点について、このように、刑事上の違法性の存否ないし程度を考える場合に考慮すべきことを一般的に説いているが、具体的な刑罰の合憲性と行為の違法性については、それぞれの罰則と行為に即して、具体的に検討すべきであるとした。

(ii) 次に、法律の趣旨に即して検討すると、公労法三条一項の具体的定めをみると（詳細は判文参照）、労組法の規定を適用する場合を公労法に定めのない場合に明らかに限定しているのであり、公労法が違法と定めている争議行為に労組法一条二項を適用する余地は、公労法の文理上からもないとしている。

(iii)　さらに、公労法の制定までの経過を丁寧に検討し（詳細は判文参照）、この観点からも、労組法一条二項が適用されるとみることはできないとしている。

(iv)　次に、刑罰を科するための違法性についても検討を進め、この点についても、それぞれの罰則と行為に即して検討すべきであり、およそ争議行為として行われたときは、刑事法上の違法性を帯びることがないと断定するのは相当ではないとした（詳細は判文参照）。

(v)　以上のような検討を経て、公労法一七条一項違反の争議行為についても労組法一条二項の適用があり、原則としてその刑事法上の違法性が阻却されるとした点において、全逓東京中郵事件大法廷判決は、変更を免れないとした。

③　更に続けて、理由の「四　公労法一七条一項違反の争議行為と刑事法上の処罰」において、前記のとおり労組法一条二項の適用はないが、そのことから直ちに、原則としてその行為を処罰するのが法律秩序全体の趣旨であると結論付けるのは早計に失するとして検討を進め、公労法の制定に至る立法経過とそこに表れている立法意思を詳細に検討するならば、違法な争議行為が罰則の構成要件を満たすことがあっても、それが同盟罷業、怠業その他単なる労務不提供のような不作為を内容とするものである場合には、後に判示するような限度で、単純参加者についてはこれを刑罰から解放して指

導的行為に出た者のみを処罰するのが法の趣旨であるという判断を示している（詳細は判文参照）。

その上で、

(i) 郵政職員の争議行為の規制に関する法令の変遷を丁寧に追っている（そこでは、明治三三年施行の治安警察法の規制内容までも検討されている。詳細は判文参照）。

(ii) 郵政職員がかつて公務員法の適用を受けていた経緯等を見ると、国家公務員法の違法な争議行為につき、単純参加者とあおる行為等の指導的行為をした者とでは反社会性、反規範性が異なり、後者が強大であるので、これを区別し後者のみ刑事制裁の対象とする扱いとなったが、この点は、これまでの立法の変遷とそこに看取される法の理念という重要な資料から十分に窺えるものであり、そうであれば、郵政職員が公労法の適用を受けるようになり、そこで違法とされた争議行為の参加者への刑事制裁においても、単純参加者は郵便法七九条一項による処罰が阻却されると解すべきであるとしている。

④ ここでの説示は、最後に、このような解釈を採ったことについて、次のような抑制的ではあるが、毅然とした司法部の姿勢を述べて終わっているので、そのまま引用しておきたい。

『思うに、公務員その他の公共的職務に従事する職員の争議行為に関する法制は、第二次世界大戦後、数次の変遷をたどる過程のなかで、連合国最高司令官の書簡に基づき早急に整備されたという特殊な事態も介在し、ために一義的な解釈を困難にする法律問題を提起する場合もなしとはしないのが、現実の姿である。当裁判所が、本件の問題の解釈にあたり、公労法の制定に至る立法経過と法の理念を重視し、あわせて解釈上疑問の生じる点については合理的な限度において処罰を抑制する方向でこれを解消するという態度をとつたゆえんのものも、このような特殊性に対する考慮を必要としたからにほかならない。』

(8)　二つの判決の大きな相違点

このように、全逓名古屋中郵事件大法廷判決は、関係法令の変遷の趣旨、内容を徹底して探り、公務員の争議行為を禁止する法理的意味合いや郵便法七九条一項の検討等を詳細に実証的に検討し、そして労働基本権についての法の理念を重視する判断を展開しており、法令の合理的解釈あるいは憲法理念に根ざした価値判断的な解釈を示している。そして、全逓東京中郵事件大法廷判決のようなアプローチを否定してはいるが、結論としては、刑事罰の適用範囲につき、基本的には労働基本権の尊重の理念を踏まえた同様の範囲に限定されるという判断になっており、十分な説得力を有するものといえよう。この点では、全逓東京中郵事件大法廷判決と比べて、判断手法と判断の深さ・広さに大きな違いがあると感じられるところである。

(9)　判例変更の要因として考えられる点

以上によれば、次のことがいえるのではないであろうか。

①　通常、法令の違憲審査を行う場合は、対象となった法令、法制度が、どのような社会的実態

（いわゆる当該法制度を支える様々な具体的な立法事実の状況）を前提としたものであり、対象行為によりどのようなあるいはどの程度の弊害等が生じ（違法性の程度）、それを避けるためにどのような行為を捉えて規制しようとしているのか、その範囲がどのような理由・根拠によって決められたのかが問題にされ、さらに、その規制が、それにより得られる利益との関係で過剰なものではないのか等々の具体的な諸事情が、具体的に丁寧に検討されるはずである。ところが、全逓東京中郵事件大法廷判決の多数意見は、労働基本権は重要であるという点を強調し、それゆえ規制は最小限度でなければならないので刑事制裁が許される場合を慎重に検討すべきであるとして、その場合を一般的な四つの基準として呈示し、これを踏まえ、公労法違反の争議行為に対する労組法一条二項の適用と相当性を認める解釈をしている。

あるいは、関係法令の変遷を理由に、一気に労組法一条二項の適用があるとし、刑事制裁の対象の範囲を制限する解釈をしている。

② このような判断の仕方は、司法部の違憲立法審査権に基づき、法令による規制の諸事情等を広く取り上げて審査するものというよりも、むしろ、公務員の労働基本権の規制を、国際法上あるいは人権理念上、刑事罰の対象にすべきかどうか、という純理論的な問題として呈示し、それについての解答をまとめる作業をしたもの、すなわち理論面からの答案を書いたもの、あるいは、関係法令の変遷を説明材料にして、直接一定の理念的、あるいは合憲的な解釈を導き出すものであるように感じら

れる。そのため、その解答内容は、崇高な人権理念等に基づくものとして人権感覚に溢れた判断であるという評価は間違いではないが、通常の違憲立法審査権の行使の際に行われる立法事実や関連する諸事情を踏まえた実証的な検討ではないため、この判断の基礎ないし客観的な論拠となる事実的な裏付けが十分とはいえない面がある。そうなると、この判決の評価は、この理念に賛成か反対か、この解釈の結論に賛成かどうかという感覚的な反応に左右されがちになり、また、それは本来、立法裁量の領域の話であって、法解釈や実体法の審査を使命とする司法部が立ち入る領域ではないのではないかという疑義も生じることになるのである。

その意味で、この判決は、政治的な対立が大きなテーマなのであるから、この最高裁大法廷判決の判断が当時の社会的・政治的情勢の下で国民の信頼を得られるかどうか等についてしっかりした情勢分析がされ、それを踏まえた上で司法部としての深慮と果敢な決断がされたものかどうかという点（前記の司法部の立ち位置③の観点）では、誠に危うさがあるといわざるを得ず、最初からそのような脆弱性を抱えた大法廷判決であったように思われる（＊）。

この点が、その後短期間で判例変更された要因の一つではないかと考える。

＊　司法部として、政治的な対立が大きなテーマに対してどのような対応をすべきなのかという点について、私の著書『違憲審査――その焦点の定め方』中の「Ⅷ　欧米諸国の違憲審査のダイナミズム／3　国論を分けるテーマと司法部の立ち位置について～時代を見据える裁判

官の眼差し」を参照されたい。

2　公務員労働を巡る当時の政治的・社会的状況の下での司法部の立ち位置についての考え方の相違（要因２）

(1)　公務員労働を巡る当時の状況等

当時の我が国では、詳述は避けるが、官公労働者の労働基本権（争議権等）の行使が全国的な規模で組織的に行われていたが、公務員の場合には、その要求は労働条件の改善に関わるものであっても、使用者の立場にある国は、その性質上、その要求に応ずるためには、結局は給与法等の関係法令の制定改廃といった立法的な対応を必要とする性質のものである。そうなると、公務員である労働者の労働条件の向上を求める労働基本権の行使は、必然的に政治的色彩を帯びた運動として展開されることになることは避けられない。また、労働基本権の行使、特に争議行為については、それが全国的な規模で官公労等によって組織的かつ広範囲に展開され、国民生活等に対する様々な大規模の支障が生ずることになるため、争議行為の禁止等の規制や違反に対する制裁（解雇等の任命上の不利益のほか、刑事罰を科すこと等）が法律で規定されることになる。そのため、当時から、規制や制裁がされると、その処分等を巡る争いが生じ、訴訟となって司法を舞台に激しく展開されていたのである。これが集団的な公務員労働関係事件となり、労使の対立は国と官公労が激突するため、労働運動が法廷の場を借りて争われる法廷闘争の様相を呈し、全国的に展開されることになったのである。そして、そこでは、規制や刑事制裁の憲法適合性といった憲法論争が、双方の政治的な価値観を踏まえて闘わされる状況となっていた。

公務員労働関係事件の裁判は、そのような政治的色彩の強い（法的）争いの一方に軍配を上げることになるため、結果的に、司法部としての対応が、必然的に政治的な意味を有することになる。司法部にとっては、このことをどのように認識するのか、司法部が政治闘争に巻き込まれ翻弄されないためにどう対応すべきなのかは、違憲立法審査権の行使の過程で慎重に検討すべきテーマであったはずである。

(2)　司法部の立ち位置と純理論的判断

ところが、横田喜三郎長官らの多数意見は、前記のとおり、全逓東京中郵事件において大きな争点となっていたこの争議行為に対する制約の憲法許容性について、公労法一七条一項及び郵便法七九条一項の禁止規定それ自体は合憲としながら、その刑事制裁の問題としては、基本的に刑事罰を科すべきではないという考え方を基に、労組法一条二項の正当な業務による行為であり刑事制裁を免れるという解釈を行って、公務員労働者側の主張を基本的に採用して、そちらに軍配を上げた。そこでは、正に純理論的な検討、憲法理念的な観点からの検討がされたが、その反面、当時大規模に展開された政治的色彩の濃い労働紛争に与える影響、司法部として乗り出すべきテーマか否か、どの時点でどのように乗り出すべきか等の司法部の立ち位置等についての検討がされたことをうかがわせる説示はなく、その点の検討は完全に後ろに追いやられたように感じられる。すなわち、前記のとおり、この大法廷判決は、国際法学者の横田喜三郎長官のみならず横田長官の教え子ともいうべき行政法学者田中二郎判事の労働基本権の尊重の思想（＊）や国連のＩＬＯドライヤー報告を重視し、その趣旨を踏まえた労働法制を実現すべしとする公法理論ないし公法理念により、公労法の禁止規定に違反する争議行為の刑事制裁の許容性を厳格に考えるべきことを述べ、四つの厳格な基準を呈示して、それを前提にして理論的な検討により結論を出したものである（＊＊）。

＊　川岸令和「戦後憲法価値の実現――田中二郎」前記『憲法学からみた最高裁判所裁判官』中の注二五参照。なお、そこでは、雄川一郎ほか「〈座談会〉田中二郎先生を偲んで」（ジュリスト七六七号一〇九頁）の記載を挙げ、「綿貫芳源は、（田中二郎氏にとっては、）争議権の刑罰からの解放というのは、イデオロギー的な問題というよりは、特別権力関係における不利益処分はその身分に伴う利益の剝奪をもって足りるとするドイツ法的発想によるものと理解する。」と紹介している。この理解については、私はコメントできないが、要するに、田中二郎判事は、違憲立法審査の問題ではなく、特別権力関係にある公務員による違法な争議権行使に対する制裁方法として予定しているのは、解雇等のような刑罰以外のものに限られるという法理論に基づいているという見方であるが、そうとすれば、私としては、この見方は

大いに納得がいくものである。

＊＊　前注の川岸教授の論稿（一一四頁以降）においては、田中二郎氏は、憲法価値は立法や行政を通じて積極的に実現されることが予定されているという行政法学者としての考えから、司法権の役割を限定しようとする消極的な姿勢が読み取れるとしている（一一三頁）。他方、周知のとおり、同氏が関与した尊属殺重罰規定事件大法廷判決では、他の刑と均衡を失する法定刑部分のみを違憲無効とする多数意見とは異なり、個人の尊厳と人格的価値の平等こそが民主主義の根本理念であることを強調し、尊属殺重罰規定それ自体が違憲無効であるとし、積極的に司法部の違憲立法審査権を行使した「意見」を述べており、この二つの姿勢の間には、本件の全逓東京中郵事件大法廷判決の処理におけるのと同様の落差が存在するように見えなくはない。

しかし、公務員労働の争議行為規制の法制のように、立法裁量に関わる事項が多く考慮すべき要素が多重的に存在するテーマとは異なり、個人の尊厳と人格的価値の平等という新憲法の理念自体に背馳する尊属殺重罰規定の評価は、司法部の違憲立法審査権の行使の問題というよりも、正に理念的に考察し判断するに適したテーマであるから、私としては、この間の姿勢の落差を問題にする必要はないように感じている。

このことは、田中二郎判事の憲法判断における法的思惟の全体像を理論的に検討する際の鍵となるように感じているが、ここで詳述する限りではない。

(3) 当時の官公労の労働基本権の行使の状況

当時、官公労働者が社会党・総評ブロックの中核を担い、公務員等による争議行為は、政府の諸施策に対する反対運動の色彩を濃く帯びており、更には、資本主義経済体制の否定、いわゆる新安保条約反対、現政権打倒等のスローガンを掲げた活動であって、その意味では労働者の経済的地位等の向上を訴える争議行為という労働基本権の行使の側面だけではなく、どちらかというと政治的運動という面がうかがわれ、そもそも労組法一条二項による正当性を備えたものとは言い難いものも多かった（前記の昭和四四年四月二日の全司法仙台支部事件大法廷判決は、新安保条約への反対をスローガンとして、勤務時間に食い込む組合の職場大会開催が問題になったもので、明らかな政治的運動である点がこのことを象徴している。）。そのような官公労働者の労働基本権（争議権等）が政治的色彩を帯びた運動として展開される状況下で、それに対する法規制（刑事罰の賦課等）がされ、その適否を巡る争いが訴訟となって司法を舞台に激しく展開されたのである。横田喜三郎長官らの時代の司法部としては、このような騒然とした政治状況の中で、保革対立の政治運動という色彩を帯びた争議行為の制約の憲法許容性について、正に純理論的に法的判断を下したのである。そして、それが一般的・抽象的な憲法判断としては憲法理念に基づくもので、人権感覚に溢れたものであったとしても、その結果は積極的に政治的に利用され、司法部が政治の渦中に巻き込まれる事態になることは当然に予想されていたはずである。

全逓東京中郵事件大法廷判決等の一連の鳩派的判決とそれらを変更した全農林警職法闘争事件大法

廷判決等との大きな違いは、労働基本権等の国民の基本的人権に対する姿勢の違いと捉え、人権感覚の相違にあるとする見方がされている。しかしながら、このような政治的に大きな対立のあるテーマが司法部に持ち込まれ、それが我が国の当時の政治的イシューとして大きな対立点になり、政治闘争としての大規模な争議行為が我が国社会における国民生活の規律と秩序に大きな影響を与えていた場合、そのような状況とは離れて純粋法理念的観点から、大きな判例法理を打ち出し、苦心して合憲限定的な法解釈を生み出し、労働基本権の規制を絞り込む判決を行った司法部の態度の評価については、様々な見方があろう。正に人権の砦としての司法部のあるべき姿と賞賛する見方もあり、逆に、もう少し引いた姿勢を保ち、政治の渦に巻き込まれて火中の栗を拾うことにならないように、司法部としては、何らかの慎重さが求められていたはずではないかとする見方もあり得よう。

(4)　司法部が選択した対応について

ここでは、どちらの見方を採るべきかを論ずることは控えるが、当時の国会等において労働基本権の意味についての十分な理解が足りないという認識の下で、全逓東京中郵事件大法廷判決の理論それ自体は、鋭い人権感覚に溢れたものであり、立法府・行政府に対するショック療法的意味もあり、このような判例法理を打ち出す処理は、司法部の役割であるという考え方もあろう。

他方、この見解とは異なり、当時の社会的・政治的状況下において、司法部が、一方側に大きな政治的援護射撃となるような大きな判例法理の全体像を述べて政治的な対立に結果的に介入するのではなく、このような事態を避ける対応をする方法があったかもしれない。先に紹介した、全逓名古屋中郵事件大法廷判決は、全逓東京中郵事件大法廷判決のように、刑事制裁の許否についての四つの基準を一般的に呈示するようなことはせず、公労法違反の争議行為に対する刑事制裁の賦課については、郵便法七九条一項の適用に際し、同盟罷業等であっても争議行為に付随して行われた単なる不作為は処罰せず、あおる行為等の指導的行為のような違法性が強い行為のみを処罰する趣旨であるとして、違法性阻却事由の有無を事案に即して判断する処理をしたが、このような処理方法も、公務員の違法な争議行為への対応が政治問題化している点を考慮した大人しい処理として考えられるところであろう。

いずれにしろ、大きな政治的混乱期にあって、前者の途をとった司法部の憲法判断については、それが当時の政治状況等を踏まえたものでなかったがゆえに、その後の判例変更を生んだ二つ目の要因となったことは間違いない。

五　全逓東京中郵事件大法廷判決等から始まる判例変更の歴史的位置付け

1　横田長官らの多数意見が重視していた理念的な世界

公務員の争議行為についての法規制は、戦後間もない頃から今日まで様々な変遷を経ており、郵便事業の主体についても、平成一五年度より公社化されて日本郵政公社となり、国営企業及び特定独立行政法人の労働関係に関する法律は、日本郵政公社も対象に入れ、特定独立行政法人等の労働関係に関する法律に改称された。そして、日本郵政公社は、四つの事業会社に分割・民営化され、今日では公労法の規制ではなく、労組法の完全適用下に置かれている。また、公務員の労働関係法制は、今日においては、その勤務条件の決定に関し、団体交渉を制度化した上で議会制民主主義と調和を図ることが、先進諸国の大勢であるという指摘もあり（菅野和夫『労働法〔第一一版補正版〕』（弘文堂、二〇一七年）七七二頁）、国連のＩＬＯ結社の自由委員会での重要な検討テーマでもあった。

横田長官らの本件多数意見は、それより前の昭和四〇年のＩＬＯ八七号条約（結社の自由及び団結権の保護に関する条約）の批准に伴い、公務員の労働関係法制に大きな変更が加えられたという当時の我が国の政治情勢の下でのものである。その時代に、公務員の争議行為の規制、特にその刑事罰の賦課に対して、国際法学者としての横田長官としては、司法部としても、あえて立法裁量の行使の方向を示唆しながら、国際的な法規制の将来的な流れをも見据えたメッセージを発しようとした強い意思が感じられることも確かであり、多数意見の裁判官がその先に見ていた理念的な世界が浮かび上がってくる気がする。

2　全逓東京中郵事件大法廷判決の多数意見と今日の最高裁の姿との相違

いずれにしろ、全逓東京中郵事件大法廷判決は、最高裁の違憲立法審査権行使の軌跡の中で、憲法判例の歴史を彩る著名な一連の出来事のきっかけとなった大法廷判決であり、その後の展開も含めて、様々な教訓、感慨を与えてくれる。この大法廷判決は、人権感覚に優れた判断を示した、その意味で画期的な判決という評価に誤りはないものの、他方、純粋法理念的観点からの産物であるという見方も成り立つように思われる。少なくとも、この大法廷判決は、今日のように、対立法府、対行政府との間での緊張関係を保持しつつ、社会的・政治的状況の様々な要素を複眼的に見ながら判断した上で、あるときは慎重な態度をとったり、またあるときは基本的人権の重要性を認識し、その擁護を図るため、テーマにより立法裁量に切り込んで違憲立法審査権を果断に行使するようになった今日の最高裁の姿に直接連動しているものとは言えないと思われる。

3　その後の判例変更を支えた裁判官が見ていた世界

⑴　他方、その後の一連の判例変更について、それを支えた裁判官の発想に着目して検討してみたい。この点については、当初の全逓東京中郵事件大法廷判決における反対意見（奥野健一・草鹿浅之介・石田和外三裁判官の共同の反対意見と五鬼上堅磐裁判官の反対意見）が、その原点となっているといえよう。それは、まず、憲法二八条が保障する労働基本権といえども、絶対無制限なものではなく、公

労法一七条一項による争議行為の禁止は、公共の福祉のためにする合理的な制限であるから憲法に違反しないとした。その上で、行為の違法性はすべての法域を通じて一義的に決せられるべきであり、公労法上違法とされた行為が刑事法上違法性を欠くという理論はあり得ないとし、禁止されている争議行為に労組法一条二項が適用される余地はないとするものである。

これらの反対意見は、ベテランの実務家出身の最高裁判事によるものであるが、労働基本権を殊更重視して救済の範囲を広げようとするのではなく、従前からのオーソドックスな合憲判断、いわば通常の法解釈を示したものである。そこから推測されるのは、当時の政治状況に対する革新側の行動、すなわち公務員の労働運動が労働基本権の行使の名の下に政治闘争を展開していることに対する一種の嫌悪感があり、加えて、基本的人権の擁護は、法秩序が確立されてこそのものであるので、その回復を図るのが先決であるとする発想があったのかもしれない。そして、本件のような事件を審理する司法部は、政治的な動きから離れ、厳正な中立性を堅持する姿勢を保つ必要があるとする信念のようなものもうかがえるのである（＊）。

＊　石田和外長官の時代（昭和四四年一月一一日～同四八年五月一九日）の前後は、前記のとおり、政治闘争的色彩の争議行為に対する刑事事件が司法部に多数係属し、法廷闘争が繰り広げられたほか、学生を中心とする集団的刑事事件も多数係属し（第一次羽田事件、東大事件等）、連合赤軍事件、連続企業爆破事件等の過激派による事件が多く起訴され、いわゆる荒れる法

廷の時代であった。そのような状況において、司法部においては、政治活動として法廷闘争が展開される以上、多くの刑事裁判官の中にある法廷秩序の維持に重きを置くべしとする考えが主流を占めるようになり、また、裁判官が政治活動を行うことや政治的色彩の濃い団体に加入することについての強い否定的態度をとることにもなった。そこから、いわゆる青法協問題が生じ、「司法の危機」などとも呼ばれたが、これも、当時の状況下で、裁判官の政治的中立性を強く堅持するべきであるという考えによるものである。その後の判例変更を支えた裁判官の発想は、このような考え方と親和性があるため、結果的に、鷹派的・保守的なもののように評価がされる面が生じたが、この発想は、彼らのあるべき裁判に対する強い思いの現れでもあったように感じられる。

(2) あるいは、次のような見方もできよう。

我が国司法部は、昭和四一年一〇月二六日の全逓東京中郵事件大法廷判決から一〇年以上の歳月を経て、ようやく、昭和五二年五月四日の全逓名古屋中郵事件大法廷判決のように、諸事情の変遷を踏まえた冷静な判断がされるようになった。すなわち、政治的なテーマについて司法の場で政治的法廷闘争として展開された事件についての処理に際しては、政治的対立の火中の栗を拾うことなく、事案に即した対応を心掛けつつ、その過程で、社会的・政治的状況とその推移等を複眼的に見ながら、過去の先例の判断をも踏まえ実証的で詳細な判断を展開していったもので、全逓名古屋中郵事件大法廷判決は、今日の司法部の立ち位置の基礎を築いたものという評価もあり得よう。

(3)　いずれにしろ、この項で取り上げた公務員労働関係事件に関する最高裁大法廷判決の変遷を見ると、それぞれの大法廷判決に関与した最高裁判事が、真摯に悩み考え抜いて示した判断の先に見ていたそれぞれの世界と連動しているように感じられる。その意味で、それぞれの大法廷判決における司法部の立ち位置がどうであったのかは、その時代を基に、改めてじっくりと検証する価値のあるテーマなのではないだろうか。

Ⅳ　司法部と立法府との対決
——定数訴訟の幕開け

＊昭和五一年衆議院議員定数訴訟大法廷判決
（最大判昭和五一年四月一四日・民集三〇巻三号二二三頁）

一　問題の所在

1　法律が定めている客観訴訟

公職選挙法二〇四条及び二〇五条一項は、衆議院議員と参議院議員の選挙の効力を争ういわゆる選挙無効訴訟を規定しており、選挙人又は候補者がその訴訟を提起できるとしている。この訴訟は、私人が自己の権利義務ないし法的利益の救済を求めて提起する通常の訴訟（損害賠償請求訴訟や家屋明渡請求訴訟等で、いわゆる主観訴訟といわれるもの）ではなく、私的な権利・利益等とは関係なく、選挙人（有権者）という公的地位・客観的な地位にある者が提起できるものであり、その意味で客観訴訟（ないし民衆訴訟）といわれている。そして、このような客観訴訟は、訴訟提起ができる者、訴訟の内容等がすべて法律で規定されており、その場合に限って提起できるものとされている。そして、前記公選法二〇五条一項では、選挙無効訴訟は選挙の規定に違反し、かつそれが選挙結果に異動を及ぼすおそれがある場合に限定されている。具体的には、当該選挙が、選挙の管理執行の手続規定に違反しあるいは選挙の自由公正の原則が著しく阻害されて施行されたときに限定されており（最一小判昭和二七年一二月四日・民集六巻一一号一一〇三頁）、その主張が認められて選挙無効の判決がされれば、四〇日以内に改めて選挙の手続規定を遵守した再選挙が行われることとなる（同法一〇九条四号、一一〇条二項、三三条の二第一項）。

2　定数訴訟の登場

ところで、昭和三〇年代以降、我が国社会は、人口の都市集中化により、各選挙区において配分された議員定数と選挙区の人口数（あるいは、有権者数）（＊）の関係に人口比例原則からみて著しい不均衡が生ずる現象が見られるようになり、いわゆる投票価値の不平等すなわち投票価値の較差が生ずることとなった。そこで、このような較差が大きくなり憲法の平等原則等に違反し、議員定数配分規定が違憲無効となっていることを選挙の無効事由として主張するいわゆる「定数訴訟」が提起されるようになってきた。

このような訴訟は、選挙の手続違反を理由にするのではなく、投票価値の不平等を理由とするため、法律が規定している前記の選挙無効訴訟とは異なり、立法裁量の問題であるとして、当初は不適法なものとされていた。しかし、周知のとおり、米国連邦最高裁において、一九六二年三月、アール・ウォーレン長官時代のベイカー判決により、議員定数の不均衡問題は米国連邦憲法修正一四条の平等条項が適用されるので、これを理由とする定数訴訟は適法な選挙無効訴訟であるとして司法審査の対象になるとする初めての判断が示された。これをきっかけに、米国では以後、判例法理としてこの判断が確立している（＊＊）。

我が国において、これと同趣旨の定数訴訟が提起される状況が生じたのは、この米国の判例法理に刺激されそれに倣ったものと思われるが、そのような訴訟類型は、判例法国ではない我が国においては成文法である公選法に規定されておらず、また、そもそも議員定数の配分は立法裁量の問題であるとして、不適法なものとして排斥されてきていた（例えば、東京高判昭和三七年四月一八日・行裁集一三巻四号五一四頁）。

＊　投票価値の較差を問題にするのであれば、人口数よりも有権者数を基準とするのが理論的であろう。しかし、人口数は、全国一斉に実施される国勢調査による結果である点で十分な正確性が担保されており、公選法改正の際はここでの数値が用いられる。もっとも、正式な調査が行われるのは基本的には五年に一回という問題点もある。他方、有権者数は、選挙人名簿の記載内容（名簿登録の内容）についての正確性の程度の問題があり、常に有権者数を基

準とすることが適当ともいえない。また、私の経験からすると、基準時点が同じであれば、どちらを基準として較差を計算しても実際上大差ない結果となるのが実情であった。そのような点からして、どちらを基準とするかは、これまで深刻な問題として意識されないできている。

＊＊　千葉『違憲審査――その焦点の定め方』一七五頁以下。詳細は、千葉ほか二名の前記司法研究報告書「欧米諸国の憲法裁判制度について」六三頁以下参照。

そして、このような投票価値に不平等が生じている選挙制度の下で選挙が施行されたことを無効事由とする主張は、定数配分規定という選挙制度の枠組み自体を違憲無効と主張するものであるから（この主張が認められても、再選挙は、定数配分規定の改正がないと不可能である。）、前記公選法二〇五条一項所定の選挙無効事由（選挙の手続規定違反を内容とするもので、これが認められると改めて手続を遵守した再選挙が行われる。）とはかなり異なるものである。しかし、投票価値の較差が次第に拡大してくるようになると、相対的に投票価値が小さい選挙区の選挙人（都市部の選挙区の選挙人）がその点で不利益を受けている状況が深刻になるため、司法部としては、これを選挙無効事由とする選挙無効訴訟について、それが法律に規定されていない、あるいは、そもそも定数配分は本質的に立法裁量によるものであるということを理由に、司法審査の対象外であるとして不適法として処理してよいかは気になるところであり、（とりあえず）適法な訴訟として扱った上で、立法裁量の範囲内か否かを判断し処理すべきではないかという見解もあり、（前記の東京高裁昭和三七年四月一八日判決はこの例である。）、最高裁としての対応が注目されるようになってきていた。

二　昭和三九年参議院議員定数訴訟大法廷判決の評価

1　定数訴訟を司法審査の対象とした判決の登場

(1)　そのような流れの中で、昭和三九年参議院議員定数訴訟大法廷判決（最大判昭和三九年二月五日・民集一八巻二号二七〇頁）は、横田喜三郎長官が裁判長を務めたが、議員定数が選挙区別の選挙人の人口数に比例した配分がされていないことを主張する選挙無効訴訟の上告理由（投票価値の平等という言い方ではなく、定数配分の仕方それ自体を問題としているため、較差の数値が重要視されていない。）に対して、一応、これを司法審査の対象になることを初めて認めた上で、次のような趣旨の判断を示した。

「憲法一四条、四四条その他の条項においても、議員定数を選挙区の人口に比例して配分すべきことを積極的に命じている規定は存在しない。そのような配分をすることは、法の下の平等の憲法の原則からいって望ましく、それが配分する際の要素の主要なものであることは否定できないが、他の要素もあり、それらを考慮して配分の決定をすることも不合理とはいえない。議員定数、選挙区及び各選挙区に対する議員数の配分について、選挙権の享有に極端な不平等を生じさせる場合は格別、各選挙区に如何なる割合で議員数を配分するかは、国会の権限に属する立法政策の問題であり、配分が人口に比例していないという一事だけで、憲法一四条一項に反し無効であると断ずることはできない。」

(2)　この昭和三九年大法廷判決は、議員定数を選挙区の人口に比例した配分がされていないことが憲法一四条一項、一五条一項及び四四条但書に違反し選挙無効事由に当たるという主張について、これを司法審査の対象になることを前提として、その当否を実体的に判断した初めての大法廷判決である。もっとも、この大法廷判決は、本来明文の規定がない以上、客観訴訟としての選挙無効訴訟は認められないとされている点について、どのような見解を採ったのかは、判決文上はうかがわれない。明文の規定がない場合でも、選挙無効と主張されている事由が深刻なものであるときは、選挙の効力に関わるものであり、司法判断をすることができるとした趣旨は、法律上の明文はないものの最高裁による判例法理によってそのような客観訴訟としての定数訴訟を創設することにしたということなのであろうか？　あるいは、選挙権の享有に極端な不平等を生じさせる場合は通常は考え難く、本件もそうであるから（司法審査の対象となるかはさておき）、とりあえず、定数配分の仕方の当否は極端な不平等になる場合でない限り本来立法裁量の問題である、ということを示すために、一応実体的な判断を示したのであろうか？　この点は不明である。

(3)　仮に、前者であれば、昭和五一年衆議院議員定数訴訟大法廷判決に繋がる画期的な判断といえそうである。しかし、それにしては、これまで不適法として処理してきた定数訴訟を、今回なぜ司法審査の対象にしたのか等についての説示がされていないのは気になるところである。また、上告理由としての主張が、投票価値の平等そのものではなく、定数が選挙区人口に比例した配分になっていない点を問題にしている表現となっているため、厳格な投票価値の平等論を検討する必要がなく、制度がどのような基本方針で定数配分をしたのか、全体として人口比例を原則として配分したとさえいえない程度にひどい内容になっているのか、という主張として捉えたとすれば、本件においては、人口に比例する配分を基本方針としており、極端に不平等な配分をしていないので平等原則違反とはいわないとした判断である可能性も十分ある。本大法廷判決も、その前審である東京高裁判決（東京高判昭和三八年一月三〇日・行裁集一四巻一号二一頁）も、各選挙区間の較差の具体的な数値については、判決文中で認定されていないので、人口比例とはいえない極端な配分となっており立法裁量の逸脱・濫用であるといえるのかどうかだけを問題にした可能性が大である。

他方、後者であれば、「特段の事情がない限り司法審査の対象とならず、本件では特段の事情は認められない。」という趣旨となり、不適法却下と大差がない処理であるということになろう。

(4) なお、この大法廷判決は、一二名の裁判官の多数意見によるものであるが、斎藤朔郎裁判官のみが意見を述べている。これは、極端な場合には違憲問題が生じ司法救済（選挙無効）が可能であるかのような多数意見の説示は、公選法二〇四条の予定するところではなく、選挙を無効としても再選挙は現実には不可能であるとした上、国会と裁判所との間で裁量判断に食い違いが生ずるおそれが多分にある分野で司法部が司法審査の範囲を拡張することは、司法の権威を高めることにならないとし、抑制的な態度を保持することが必要であるとしている。

２　昭和三九年大法廷判決の位置付け～昭和五一年大法廷判決との相違点

(1)　前記のとおり、この大法廷判決（多数意見）は、この訴訟の上告人の訴えを、議員定数の配分が現実に人口比例によってされてはおらず平等原則に適ったものとなっていないのではないか、を主張するものとして捉えその点の判断をしたものであるとすれば、これは、いわゆる定数訴訟の本質とは少し異なる捉え方をしているといえよう。すなわち、本来の定数訴訟は、国民の国政に参画する基本的な権利、主権の行使において選挙区の選挙人の投票権の国政への影響の点でその価値に大きな較差が生じている場合、それを憲法一四条一項等に違反する差別であるとして、司法部が、明文の規定がない選挙無効を判例法理により（公選法二〇四条等をいわば借用適用して）これを適法なものと認め、その立法裁量の中味に切り込んで定数配分規定の憲法適合性を審査することを求めるものである。そこでは、国会の立法裁量に対する司法部としての権限行使（違憲立法審査権）の限界はどこか、が直接関係するテーマとなるのである。斎藤意見は、正にその点を捉え、議員定数の決定には幾多の要素があり、この点について司法的判断のための満足すべき基準がないので、この問題に司法部が介入することは、いたずらに司法審査の門戸を広げるものであって、結果的に司法権の権威を高めることにはならず（選挙を無効としても定数配分規定を改正し再選挙することは事実上できない。）、その本来的な限界を守っていくべきことを述べたものである。

(2)　ところが、この判決の多数意見は、この問題に関して、憲法の基本的人権、国民の主権の行使が差別的状態にあることをどう評価すべきかといった視点が薄く、立法府との正面からの対立を見据えた違憲立法審査権行使のぎりぎりの限界を探るという姿勢があまり感じられない。この判決の姿勢は、いわゆる統治行為論や政治問題の理論を基に、司法審査の対象を、司法の本質を踏まえて、慎重かつ限定的に考える姿勢の延長線上にあるように感じられる（これは、斎藤意見が、多数意見の姿勢にはいわゆる砂川事件大法廷判決と同様の考え方がうかがわれるとしている点でもある。）（＊）。

＊この判決の後、同様の考え方に基づき、所論の程度では違憲問題を生ずるとは認められないとして処理した最三小判昭和四一年五月三一日（集民八三号六二三頁）及び最一小判昭和四九年四月二五日（集民一一一号六四一頁）が続いている。

そうすると、昭和三九年大法廷判決は、正に定数訴訟を適法なものとして司法審査の俎上に載せ、そこでの投票価値の較差の程度が憲法の投票価値の平等の要請に適うものか否かについて、正面から判断した昭和五一年衆議院議員定数訴訟大法廷判決とは、司法部の違憲立法審査権の行使の姿勢・視点が異なるものというべきであろう。

(3)　昭和五一年衆議院議員定数訴訟大法廷判決は、昭和三九年大法廷判決から一二年後に言い渡されたが、この一二年の歳月の経過がそのような新たな姿勢・視点を採らせた背景事情・要因は何なのか、すなわち、その姿勢・判断の先に裁判官がどのような世界を見ていたのかを、次に見ていくこととしたい。

三　昭和五一年衆議院議員定数訴訟大法廷判決の登場とその先進性

1　昭和五一年衆議院議員定数訴訟大法廷判決の登場

前記のとおり、投票価値の不平等を理由に選挙の効力を争う定数訴訟は、いわゆる客観訴訟でありながら公職選挙法に規定されていないため、かつては不適法とされていた時期もあるが、昭和五一年衆議院議員定数訴訟大法廷判決は、（この点につき公選法二〇四条をいわば借用適用する形で）適法性を認めた上、更に、投票価値の較差が憲法の選挙権の平等の要請に適合するか、その状態は選挙無効事由になるかどうか等について実体的な判断を示した。その骨子は次のようなものである。

投票価値の平等は憲法上の要請であるとした上で、本件選挙の各選挙区間の投票価値の最大較差が一対約四・九九であり、不平等状態が大きくなっているが、憲法上要求される合理的期間内にその是正がされていないことから、定数配分規定は憲法一四条一項等に違反するとした。その上で、これを理由に当該選挙を無効とすることは、憲法上決して望ましい姿ではなく、憲法の所期しない混乱を招くとして選挙無効を宣言することを避け、法の基本原則である「事情判決の法理」を適用し、判決主文で当該選挙が違法である旨を宣言するに止める処理をした（なお、原告の選挙無効の請求自体は棄却した。）。

2 本大法廷判決（多数意見）の要点とその判断の先進性

判決内容の要点は、次のとおり六つにまとめられるが、それぞれがどのような意味を有するかを考えてみたい。

(1) 要点1：投票価値の平等と司法審査

① この点についての判決内容は、次のとおりである。

選挙権は、国民の国政への参加の機会を保障する基本的権利として、議会制民主主義の根幹をなすものである。そして、選挙における投票という国政参加の最も基本的な場面においては、国民は原則として完全に同等視されるべきであり、憲法に定める法の下の平等は、国民はすべて政治的価値において平等であるべきであるとする徹底した平等化を志向するものである。したがって、投票価値の平等は、憲法一四条一項等が要求するものである。

② 前記の説示は、これまでのように、定数配分の仕方が適正にされているかという点の違法性の有無を問題にするのではなく、国民の国政参加の権利としての投票権に着目し、その投票価値の平等の問題が憲法一四条等との関係で司法審査の対象になることを正面から述べた画期的なものというべきである。

憲法四三条二項が両議院の議員定数は法律で定めるとし、四七条が選挙区、投票の方法その他両議院の議員の選挙に関する事項は法律で定めるとしていること等から、本件で問題となった定数配分規定の適否についても、従前は、立法府が様々な政治的な諸要素を考慮して決めるべきもので、立法裁量に属する問題であって原則として司法審査の対象とはならないと考えられていた（前記の東京高判昭和三七年四月一八日等参照）。要するに、議員定数の人口比例配分は、原則的に採るべき方法ではあるが、性質上、完全な機械的な配分はできず、政治的な広い裁量に委ねざるを得ない部分があり、その意味では、統治行為論や政治問題の理論と似た面があることが考慮されていたのであろう。

しかし、本判決は、その冒頭において、議員定数配分規定の適否が司法審査の対象になるかの問題について、前記のとおり、選挙権は、国民の国政参加のための基本的権利であり、議会制民主主義の根幹をなすものと位置付け、投票価値においても徹底した平等化を志向するものとして、その平等を憲法一四条一項等が要求していることを格調高い調子で述べ、当然に司法審査の対象となることを宣言した。これは、定数配分の方法が人口比例でされているかどうかの問題（この問題は、厳格に比例していなくとも、その方針で配分がされていれば、あまりにひどい較差がない限り全体として許されることになろう。）ではなく、国民の選挙権行使の面での平等な扱いという「投票価値の平等」という面に着目し、較差が数値的にはっきりと示されるものであるため、基本的には、憲法一四条一項の問題、すなわち国民の権利（義務）における合理的な差別・区別といえるかどうかの問題として捉え、その結果、司法部として違憲立法審査権の行使の対象に相応しいテーマであるとし、積極的な実体審査に踏み込んだものである。

正に、本大法廷判決は、司法部が投票価値の平等を憲法問題として取り上げ、立法府の立法裁量に切り込んでいった先進的なものであり、この点で、定数訴訟の幕開けを告げる司法部の決意表明となっている。

(2) 要点2：投票価値の平等と較差の許容限度

① その判示内容は、次のとおりである。

ア 投票価値は、憲法一四条一項の法の下の平等から要請されるが、数字的に完全に同一であることまで要求されるものではなく、選挙制度の仕組みと密接に関連するため、その平等は、制度の具体的決定において国会が正当に考慮できる他の政策的目的ないし理由との関連において調和的に実現されるべきものである。

イ 本件議員定数配分規定は、昭和三九年の公選法改正に係るもので、投票価値の較差をほぼ二倍以下に止めることを目的として改正されたが、本件選挙施行時では各選挙区間の最大較差が約四・九九倍に達していた。これは立法府による前記の政策的裁量を考慮しても一般に合理性を有するとは到底考えられない程度に達しているばかりでなく、これを更に超えるに至っており、憲法の選挙権の平等の要求に反する程度になっていた（いわゆる「違憲状態」である。）。

② 前記の説示は、憲法上許容される較差の限界について述べたものであるが、限界となる具体的な較差の数値は示していない。

ここでは、まず、投票価値の平等については、選挙制度の仕組みと関連するので、国会に一定の裁量があり、平等とはいってもそれが常に一対一でなければならないわけではない点を確認している（前記ア）。投票価値の較差の許容限度を数値で示すとしても、一対一を僅かに超えることも許されないとすることは、都市への人口流入が激しい我が国においては、この数値を一定期間保持することは現実的ではなく、その他の考慮すべき要素も色々とあるからである。

較差の数値的な許容限度として理論的に一応説明できるものは、二倍（未満）が考えられよう。この点については、平成二七年一一月二五日衆議院議員定数訴訟大法廷判決（民集六九巻七号二〇三五頁）において私が補足意見を述べており、それをここで引用すれば、『憲法は、国民一人一人が選挙を通じて平等に国政に参与し得るという基本的権利の保障として、一人一票を予定していると解される（一四条、一五条等）。このことは、純理論的には、国政の選挙制度において、いわゆる各人の投票価値に差異が生じそれが最大二倍以上となるときには、実質的に他の倍以上の数の選挙権を与えたという評価が生ずることになり、上記の基本的権利の保障との観点からは避けるべき事態であるといえよう（昭和五八年〔衆議院議員定数訴訟〕大法廷判決における中村治朗裁判官の反対意見参照。……）。』という説明になろう。

しかし、本大法廷判決は、「最大較差二倍未満」を数値の基準として示さなかった。それは、次のような事情からであろう。我が国においては、米国等と状況は異なり、全国的に地方から都市部への人口移動の流れが不断に見られ、その規模も小さなものとはいえない状況が続いている一方、国土には山岳地帯や離島が多く、歴史的経緯等から一つの行政的単位として扱われてきた都道府県を細分化することには問題もあり、交通事情や地理的状況も地域的なまとまりとして考慮すべき要素であるが、これらは人口数と定数配分の平等性の実現の大きな隘路ともなっている点である。さらに、選挙制度を頻繁に変えることは政治の安定性の観点から好ましくない点もあり、また、このような人口の移動傾向が今後どのようになるのか等を見定める必要もあろう。これらのように、理論的な数値だけでは割り切れない諸事情を考慮したためであろう。

判決は、以上のような諸事情に触れ、数値的な許容限度は示さないまま終わっている。しかし、憲法一四条一項に適合する合理的な差別・区別に止まっているかどうかを判断するのであるから、差別の内容である較差の程度は最重要な判断指標であり、数値的な基準が全く念頭になかったはずはない

（＊）。

＊私は、本大法廷判決が言い渡された際、マスコミ等の報道でその内容を知り、予想を超える内容に驚愕した思い出がある。その後、判決文を入手し、投票価値の較差の合憲性の基準は何倍まで許されるとされたのか、その数値を探り必死で多数意見を精査したが見つからなかったため、そもそも許容限度としての数値をどう考えたのか、それをなぜ明示していないのか等々、大きな疑問を抱いたという経験がある。

③ところで、合理的な差別であるか否かの判断に際し、その基準・許容限度を数値で示すことについては、基準自体は明確となるが、問題もある。数値を示すことは、司法部が自らの手を縛ることになり、具体的な状況に応じた柔軟な判断ができなくなるのである。すなわち、その数値をほんの僅か（小数点以下の数値でも）上回るか下回るかでアウト、セーフの判断が分かれることになってしまう。例えば、較差が、合憲性の判断の基準時である選挙施行時点で、基準数値をほんの僅か超えていれば、判決時点では既に較差是正の立法対応がされ、今後は合憲の状態が続くような場合であっても、許容限度を超えた較差があったとして違憲と判断することになりそうだが、それで良いのか？　また、逆に、選挙施行時点では較差が基準値よりほんの少し下回ったが、較差の急激な拡大傾向が選挙施行時点よりもかなり前から続き、今後も拡大傾向が続くことが予想されていたのに、対応がされずに現時点では較差が基準を超えた状態になっている場合も、基準時点（選挙施行時点）では許容限度内であ

るとして合憲とする判断でよいのか？ 等の疑問が生じよう。これが、最高裁大法廷が合憲性の判断基準を数値で示さなかった理由の一つであろう（＊）。

＊ この問題については、私の著書『違憲審査——その焦点の定め方』「I 衆議院議員定数訴訟の行方」で、問題点等を指摘している。

④ しかし、数値を判決文で示さないことと、それが念頭になかったこととは異なる。私は、本大法廷判決の多数意見は、最も重要な判断要素である許容限度としての数値の基準は、それを示さないとしても当然に念頭にはあったのでは、と推測している。一体それはいくつであったのであろうか？

その後、中選挙区制の下で施行された衆議院議員選挙については、その施行の都度、定数訴訟が提起されており、最高裁は、本件を含め、合計六件で合憲性審査を行っており、その際の最大較差と合憲性の判断については、私の著書『違憲審査——その焦点の定め方』の九頁で一覧表にしている。もちろん、投票価値の平等は最も重要な考慮要素ではあるが、他に考えるべき事情との関係で調和的に実現されるべきであるから、較差の数値のみで決せられるものではない。しかし、較差の数値に着目すると、昭和六三年一〇月二一日第二小法廷判決（民集四二巻八号六四四頁）が最大較差二・九二であった定数配分規定を合憲とし、平成五年一月二〇日大法廷判決（民集四七巻一号六七頁）は最大較差三・一八を違憲状態としている等から、三倍が一応の目安とされているのではないかという見方がされている。そこから推し量って、本大法廷判決を含む六件の最高裁の定数訴訟判決は、一応、三倍程度を数値的な基準として考えていたのではないであろうか。本判決が、最大較差四・九九について、前記のとおり、「立法府……の政策的裁量を考慮しても一般に合理性を有するとは到底考えられない程度に達しているばかりでなく、これを更に超えているに至って」いるとし、許容される限度を大幅に超えていることを示していることは、限度としては三倍程度を考えていたという推測と適合しよう。

⑤　この点について、昭和五八年一一月七日衆議院議員定数訴訟大法廷判決（民集三七巻九号一二四三頁）の中村治朗判事（彼は、昭和五一年衆議院議員定数訴訟大法廷判決には、当時、最高裁首席調査官として関与している。）は反対意見の中で、三倍を違憲性推定の一般的基準として用いることの意味を詳細に説明しており、ここで、その個所をそのまま引用しておきたい。

『確かに、右の一対二という比率較差は、人口比例主義を唯一絶対の原理とする限り、投票価値の不平等に対する許容限度を示す基準数値として常識的にわかりやすいし、また、選挙区割そのものに触れないで単にこれらの選挙区への議員数の配分の問題としてのみとりあげる場合に技術的に生じうる最大較差を示すものでもあつて、右の前提の下ではそれなりの合理性を有するといえなくはない。しかし、五一年判決のいうように、人口比例主義は衆議院議員の選挙において最も重要かつ基本的な原理とされるべきものであつても、必ずしもそれが唯一絶対の原理というわけではなく、なお他にしんしやくしうる政策的要素が存在しうることを肯定する限り、右の基準はいささか厳格に過ぎるというべきであろう。少なくとも裁判所において憲法上の選挙権の平等の要求に反する程度の比率較差であると断ずる基準としては、右の要素をしんしやくした結果生じた比率較差として是認すべきある程度の幅をもたしめるのが相当であると思う。もつとも、五一年判決が他の考慮要素として挙げている事項は、それ自体として人口比例主義と併立する別個独立の原理というべきものではなく、いわば厳密な人口比例主義の貫徹に対する若干の緩和的ないし修正的要素として国会のしんしやくしうべき事項とみるべきものであるから、これによる影響として是認さるべき較差拡大の程度にもおのずから限度があり、この点を考えると、私としては、前記一対二という数値に若干の幅をもたせるとしても、その数値はせいぜい一対三の程度を超えるところまでは認められず、それ以上の較差が生じている場合には、原則として国会に許容しうる裁量権の限界を超えるに至つたものと推定するのが相当であると思う（このような数値は、論理必然的に導き出されるというものではなく、その意味で本質的には主観的要素を帯有することを免れないけれども、裁量権の及ぶ範囲を最大限に見積つても一般的にはこの程度がぎりぎりのところであるという限界線を想定することは必ずしも不可能ではなく、これによつて得られる基準はそれなりの客観性をもつということができるから、これを違憲性推定の一般的基準として用いて立法の適否を判断することは、必ずしも裁判所の恣意的判断による立法権への介入というにはあたらないと私は考える。）。』

以上のように、本大法廷判決は、憲法上許容される較差の数値的基準を念頭に置いて、本件の最大較差一対約四・九九を生じている本件定数配分規定は、違憲状態であるとしたものと思われる（＊）。

＊　憲法上許容される較差の数値的基準については、その後、現行の衆議院議員選挙の小選挙区比例代表並立制に移行した後に提起された幾つかの定数訴訟についても問題となった。そこでは、平成二三年三月二三日大法廷判決（民集六五巻二号七五五頁）以降、従前に比して投票価値の較差の評価が厳しくなってきている（二倍を許容限度としているように見られる。）ことが注目される。このような評価の推移は、最高裁にとっては従前の許容基準を実質的に厳しい方向に（三倍程度から二倍へ）変更するものであって、その理由・評価等については、大いに議論があるところであろう。この点について、私は、前記の平成一七年衆議院議員定数訴訟大法廷判決における私の補足意見で説明しており、詳細はそちらを参照していただきたい。なお、前記の私の著書『違憲審査――その焦点の定め方』（「Ⅰ　衆議院議員定数訴訟の行方／二　定数訴訟の行き着く先／2　定数訴訟の特殊性と問題点を考える視点」）において、更に説明を加えている。

(3)　要点3：較差の合理的期間内での是正

①　その判示内容は、次のとおりである。

定数配分規定が違憲状態であっても、人口の変動は不断に生ずるので是正のためには頻繁かつ迅速な改正が必要となるが、それは相当ではなく、憲法上要求されていると考えられる合理的期間内における是正がされない場合に初めて憲法違反となると解すべきである（いわゆる「合理的期間内の是正」が要求される。）。

ところが、本件では、公選法別表第一の末尾で、同表はその施行後五年ごとに直近の国勢調査の結果により定数を更正するのを例としていることや、昭和三九年の公選法改正後八年余にわたって改正がされていないことをしんしゃくすると、憲法上要求される合理的期間内の是正がされなかったものと認めざるを得ず、本件定数配分規定は違憲と断ずべきものである。

② 前記の説示は、定数配分規定がいわゆる違憲状態とされた場合に、それが直ちに違憲無効とされるのではなく、憲法上要求されている合理的期間内に是正がされていない場合に違憲無効となることを示した。これは、較差の状況は、人口異動によって拡大するため、国会としても、何時の時点で違憲状態となったのかは必ずしも判然としないことが多いため、違憲状態になったこと即違憲とすることはできないところである。最高裁大法廷判決が当該較差の状態を違憲状態であるという判断を示した場合は、少なくともその時点では違憲状態といえるので、国会には、その後速やかに較差是正の立法対応が要求され、それを前提に合理的期間を検討することになろう。そのほかにも、公選法別表第一の末尾で、同表の施行後五年ごとに直近の国勢調査の結果により定数を是正するのを例としているので、国勢調査の結果（確定値）が公表されたときは、国会としては、較差の状況を検討し、それ

が違憲状態とされる程度であれば、直ちに較差是正のための定数配分規定の改正作業を始めるべきであろう。

もっとも、違憲状態か否かについては、本大法廷判決は、数値を示すなどしてその数値的基準を明確にしておらず、現実問題として、国会としては、最高裁の定数訴訟判決の先例等（そこから読み取ることができる許容限度）を踏まえて違憲状態かどうかを判断し、対応するしかないであろう。また、憲法上要求されている合理的期間は、実際上どのくらいの期間をいうのかは、違憲状態とされた定数配分規定の較差の程度、範囲、その他定数配分規定改正に関する様々な社会的・政治的な諸事情（例えば、較差の程度、不平等となっている選挙区の数等により、また、衆議院議員選挙制度自体の抜本的見直しが国会等で検討されている場合か否か等により変わってくる。）により、是正のための公選法別表の改正作業に要する期間は影響を受けることとなるので、正に、その期間を数値で示すことはできないところである。しかしながら、事柄の性質上、較差是正は国政上の喫緊の重要課題であり、国会においては、速やかな対応が求められていることはいうまでもない。

いずれにしろ、合理的期間内での是正がされたか否かは、憲法上の要請であるから、司法部としては、憲法の趣旨、投票価値の平等の重要性等を踏まえて、国会の立法対応の動きを注視し評価していくことになる。その意味で、本大法廷判決が、合理的期間内での是正がされたか否かを違憲と断ずるための必須の要素として位置付ける判断枠組み・判例法理を呈示したことは、正に、司法部が国会の立法活動をチェックすることになるものである。そして、それは、通常の法令違憲の審査とは異なる選挙訴訟が扱うテーマの大きさ、すなわち、国民の国政参加の権利として議会制民主主義の根幹をなすものの平等が保たれているかが問われていることを司法部が十分に認識していたためであるが、その結果は、違憲立法審査権の積極的な行使がされたものと評価することができよう。

(4) 要点4：違憲無効となるのは、当該選挙区の部分のみか、定数配分規定全体か？

① その判示内容は、次のとおりである。

選挙区割り及び議員定数の配分は、議員総数と関連させながら決定されるのであって、このように決定されたものは、一定の議員総数の各選挙区への配分として、相互に有機的に関連し、一の部分における変動は他の部分にも波動的に影響を及ぼす性質を有するもので、その意味で不可分一体をなすものといえる。そうすると、定数配分規定は、憲法に違反する不平等を招来している選挙区の部分のみでなく、全体として違憲の瑕疵を帯びるものと解すべきである。

② 前記の説示は、端的にいえば、投票価値の較差の是正は、一定の議員総数を前提にして、全体として見直すことにより行うべきことを示している。仮に、定数配分規定が可分で、違憲無効となるのが当該選挙区の較差部分のみであれば、その部分についてだけ、議員定数を増減させて較差の是正をすることで足り、他の部分は違憲無効とされることはないため、特段の手当をしないで済むことになる。そうすると、国会としては、その是正は格段に容易になるはずである。しかし、この考えによ

れば、実際は、当該選挙区の定数だけを一部増やす（その分、議員総数が増える）という方向での弥縫策が繰り返されることとなり、議員定数はその都度増加されることになろう。本来、議員総数をどのように定めるかは、選挙制度の最も重要な構成要素であり、このように安易に増加が繰り返されることは適当ではない。

本大法廷判決が、議員定数の配分は、まず議員総数があり、それを各選挙区に配分するというものであるから、較差の是正も定数配分を全体として見直すべしという、不可分処理を求めたのは、それが定数配分の性質からして大原則だからであり、また、前記のような懸念をも考えたからであろう。いずれにしろ、最高裁は、立法府に対して、違憲無効とした議員定数配分規定を憲法の投票価値の平等を実現するため立法裁量権の行使に当たって、その是正方法、是正の対象をどうすべきかを判例法理として示したものである。司法部が立法府の立法活動の在り方について、違憲立法審査権の行使という形で判例法理を呈示した以上、事後に、司法部が自らこれを変更するようなこと（例えば、定数配分規定は可分であるとして、定数訴訟の対象となった較差の大きい選挙区の選挙のみ違憲無効とする一方、較差の小さい選挙区の選挙は無効としないという判断をすること）は、事柄の性質上、あってはならないことである（＊）。司法部としては、今後はこの法理を堅持し、これを前提とする立法対応を求め続けることとなったといえよう。

＊この点について、私の著書『違憲審査——その焦点の定め方』三八頁(2)を参照されたい。

(5) 要点5：法律に規定されていない選挙無効訴訟の創設

① その判示内容は、次のとおりである。

公選法二〇四条、二〇五条一項が規定する（本来の）選挙無効訴訟においては、特定の選挙を将来に向けて失効させるだけで、他の選挙の効力に影響はなく、また、改めて同法に基づく適法な再選挙を行うことが予定されている。しかし、定数訴訟によると、配分規定が違憲無効の場合は法改正がない限り再選挙はできないため、公選法の規定する訴訟により選挙の効力を争うことはできないのではないかという疑いがないではない。

しかし、他に訴訟上公選法の違憲を主張してその是正を求める機会はない。およそ国民の基本的権利を侵害する国権行為に対しては、できるだけその是正、救済の途が開かれるべきであるという憲法上の要請に照らすと、公選法の前記規定が定める訴訟において、定数配分規定の違憲無効の原因として主張すること（定数訴訟）を殊更に排除する解釈は当を得たものとはいえない。

② この説示は、結局、公選法が規定している選挙無効訴訟において、この規定が想定していない定数訴訟（それは、定数配分規定の違憲無効を選挙の無効原因として主張するものである。）を排除することは、投票価値の平等の権利を侵害された場合にそれを是正する機会は他にはないので、そのような解

釈をとるべきではないとしたものである。そして、この説示に続いて、定数配分規定が違憲無効となった場合、選挙無効とすべきかという問題提起が行われ、後述の要点６の事情判決の法理の採用へと結び付ける判断となっている。

③　私は、この説示は、本来法律が規定している選挙無効訴訟とは異なる定数訴訟を認めることに不都合があっても、基本的人権の侵害を是正する途を閉ざすべきではなく、定数訴訟を認める不都合は、次に述べるような事情判決の法理の採用等の工夫により解消できることをいうための前置きのようなものであると理解している。

定数訴訟は、これまで見てきたとおり、公選法が定める本来の選挙無効とは明らかに異なる点があるため、法律が予定していない客観訴訟としての定数訴訟を法二〇四条は排除していないということを上手に説明することは苦しいところである。仮に、正面から理論的な説明をするのであれば、次のようになろう。すなわち、法律ではなく、最高裁が、自ら示した判例法理により、法二〇四条の選挙無効訴訟の規定を利用して（すなわち、借用適用して）定数訴訟を創設し、これを司法審査の対象としたのであり、それは憲法の趣旨に沿うものである、というものであろう。

この説明は、米国のような判例法国であれば、あるいは、司法部において、違憲状態の解消のために採るべき手段・方法を示しその実行を政府機関等に命ずるような衡平法（エクイティ）の理念（＊）が承認されているのであれば、違和感なく受け入れられるところであろう。しかし、司法部にこのような判例法を創る権限等が承認されているわけではない我が国において、司法部として判例法理により定数訴訟を創設したという説明は、対立法府との関係で、両者の権限領域に関する根源的な議論を巻き起こすものであろう。本判決の説示は、「およそ国民の基本的権利を侵害する国権行為に対しては、できるだけその是正、救済の途が開かれるべきであるという憲法上の要請に照らすと」として、論理的な説明ではなくやや曖昧な（情緒的な表現で）憲法の趣旨を簡潔に強調するところから、一気に結論を導いており、司法部としての深慮、工夫、そして決断が窺えるものとなっている。

この説示が、定数訴訟の適否という最初に来るはずの論点についての回答という形ではなく、選挙を無効とすることの不都合をどう解決するかという最後の論点を判断する中でさりげなく述べられているのは、このような点を考慮したからなのではないだろうか。

＊ ウォーレン・コートが、違憲状態を解消するために、必要に応じて、採るべき手段、方法を示し、その実行を政府機関等に命じているのは、英米法の衡平法の理念によるものであることが指摘できよう。この点については、私ほか二名の前記司法研究報告書「欧米諸国の憲法裁判制度について」六六頁以下に説明がある。

④ このような苦しい説明を工夫してまで定数訴訟を司法審査の対象として認めようとした最高裁の真意・意図が何なのかは、後に触れるが、私としては、これは、司法部の違憲立法審査権の極限的

な行使による法解釈という形を採った一種の法創造ともいうべき立法的な措置であって、立法府の立法裁量に切り込む、司法部による立法的作用にも似た処理が行われたものと感じている。

(6)　要点６：事情判決の法理の登場

①　その判示内容は、次のとおりである。

定数配分規定が憲法違反で無効であるとして当該選挙を無効とするかどうかについては、そのような判決をしても、それによって得られる結果は、当該選挙区の選出議員がいなくなるだけであって、これにより直ちに違憲状態が是正されるものではなく、憲法に適合する選挙が実現するために必要な法改正についても選挙無効とされた選挙区の議員のいないまま行わざるを得ない等、かえって憲法の所期するところに必ずしも適合しない結果を生ずるといった事情を考慮すべきである。そうすると、行政事件訴訟法三一条一項前段に規定するいわゆる『事情判決の法埋』は、行政処分の取消しの場合に限らない一般的な法の基本原則であるので、この法理に従い、本件選挙が違憲の議員定数配分規定に基づき行われた点において違法である旨を主文で宣言するにとどめ、選挙自体は無効としないこととする。

②　この説示は、いささか説明が必要である。公選法二〇四条が規定する選挙無効訴訟は、無効事由がある場合、当該選挙を無効とする法律効果を生じさせるいわゆる形成訴訟であり、当該選挙が違法であることの確認を行ういわゆる確認訴訟ではない。同法二〇五条一項によれば、選挙の規定に違

反して施行され、それが選挙結果に異動を及ぼすおそれがあるときは、例外なく、当該選挙を無効としている。これは、選挙を無効としても、定数配分規定は違憲無効ではないので、当該選挙区で再選挙を行うことが予定されており、制度として完結している。しかし、定数訴訟においては、定数配分規定全体を憲法に適合するように改正しない限り再選挙はできず、また、多くの、あるいはすべての選挙区の選挙が無効となることもあり得るため、選挙区の議員がいなくなり法改正も期待し難い等という、正に憲法が所期しない異常事態が生ずることにもなる。

この点からしても、定数訴訟に公選法の選挙無効訴訟の関係規定をそのまま適用することには無理があり、独自に、定数配分規定が違憲無効とされた場合の選挙の効力をどうするかを考える必要がある。本大法廷判決が、公選法二一九条が事情判決の法理を定める行政事件訴訟法三一条一項前段の規定の準用を排除することを明定しているにもかかわらず、あえて事情判決の法理を持ち出したのは、定数訴訟を司法審査の対象にする必要性は高く、他方、選挙を無効としないで憲法に違反する定数配分規定の改正に繋げる必要があるという熱い思いがあり、それによる窮余の策であろう。

結局、定数訴訟の制度設計は、公選法二〇四条を借用してはいるが、実態は、判例により創設された客観訴訟であって、この要点1ないし6は、すべて判例法理として打ち出され確立したものというべきである。

③　もっとも、定数訴訟は、公選法二〇四条を借用した訴訟類型である以上、形成訴訟としての基

本的な性格は変わらないと思われる。そうなると、仮に、今後、較差是正のための国会の立法的対応が不十分な状態が止まず、最高裁において事情判決の法理を用いた処理が繰り返される事態になった場合に、いつまでその法理で対応するのか、形成訴訟である以上、どこかの段階で選挙を無効とする形成効を生じさせる判決をするのかは、今後の課題であろう。その意味で、定数訴訟の判例法理は、まだ未完成であって、これを完結するための法理、すなわち、選挙無効の形成効をどのような場合に、どのような方法で生じさせるかを示す必要があり、これが最高裁に残された最後の課題であると考える。

なお、この点は、いわば憲法秩序が破壊され立法府自らの力では回復できない状況になっていることを踏まえ、最高裁として何ができるのか、何をすべきなのか、何をすることが国民から期待され求められているのかを探ることになり、司法部は、誠に、難問を背負うことになる。この難問の解決についての私の試論は、前記の著書『違憲審査――その焦点の定め方』（Ⅰ二4の「事情判決後も立法府が対応をしない場合における判例法理の展開」〔二九頁以降〕）で呈示しており、参照されたい。

④　念のために付言すると、そこでの私の試論は、同書で断っているとおり（同書Ⅰ三4四〇頁）、憲法上、三権の分立、相互の均衡関係が失われるという危機的な事態におけるものである。また、立法府としても、立法府が憲法上認められている本来の権限行使ができない機能不全に陥っており、それを自ら回復することができない状態にあることが明白である場合の話である。

なお、この点について、大屋雄裕『裁判の原点』（河出ブックス、二〇一八年）九五頁以下では、私が、小選挙区制において再選挙を行う方法として、選挙を無効とした選挙区割りが属する都道府県を全体として一つの選挙区として、割り振られた選挙区数を議員定数として選挙を行うことを裁判所が関係機関に命ずるという方法を提案している点を捉え、これは五つの小選挙区を五人を選ぶ中選挙区に変えてしまえという内容のように読め、相当に乱暴な話であるという趣旨の指摘がされている。

しかし、これは、立法府が機能不全状態になり憲法秩序が破壊されているような極限状況において、司法部が乗り出す以外に方法はなく、それを国民が期待している状況において、定数配分規定が適正に改正されるまでの暫定的な緊急措置としての話である。また、当該都道府県を全体として一つの選挙区とするのは、当該都道府県内を区割りして小選挙区を作り出す作業は、正に、政治的、行政的裁量に委ねられるべきであるから、司法部としては、そこまで乗り出すことは不適当であり、そのような裁量とは無縁の当該都道府県全体を一つとする選挙区を暫定的に定めるべきであるという考え方によるのである。

このような緊急措置については、前記の私の著書で紹介しているとおり、米国のウォーレン・コート時代に、一九六九年一月のカークパトリック対プレイスラー事件で、立法府が一定の期間内に較差を是正できない場合に、米国連邦最高裁が、自ら暫定的な人口比例原則による定数配分を決めて、その実施を命ずるという判決をしているのである。詳細は、私ほか二名の前記司法研究報告書「欧米諸国の憲法裁判制度について」六四頁、六五頁等を参照されたい。そこでは、州全体を一つの選挙区として選挙を行う判決を維持しており、また、一九六九年四月には、裁判所が適当な区割りを命ずる自由を持つとした判決を維持するなど、様々な緊急措置が工夫されている。

前記の大屋著『裁判の原点』は、裁判という制度の本質を、憲法学者とは異なる法哲学者としての視点から解説したもので、多くの示唆に富む内容となっているが、定数訴訟を判例法理により作り出した司法部の熱い思いも理解していただきたいと思っている。

⑤　以上のとおり、この判決は、我が国の司法部による違憲立法審査権の行使の歴史の中で、正に立法府の立法裁量に対して司法部が方向性を示し、立法を促すという画期的なものであることは明白であるが、従前はなかったそのような違憲立法審査権の積極的な行使がされたのは、どのような要因によるのか、その真意は何なのか、更にはその背景事情は何であったのかは、大きな検討テーマである。

次に、その点についての、私なりの見方を紹介していきたい。

四　昭和五一年衆議院議員定数訴訟大法廷判決が出現した要因等

1　昭和五一年大法廷判決当時の社会的・政治的状況

(1)　昭和後期（昭和四〇年以降）の時代の雰囲気

①　本大法廷判決の裁判長を務めた村上朝一長官の在任期間は、昭和四八年五月二一日から同五一年五月二四日までであり、いわゆる昭和後期に当たる時代である。この時代については、最高裁事務総局が編集した『裁判所百年史』（最高裁判所事務総局、一九九〇年）二九一頁以下に、裁判所から見た「時代の概観」が記載されており、興味深い。ここでは、その内容の概略を紹介したい。

昭和三〇年代から始まった我が国の高度経済成長は、昭和四〇年代に入っても続き、昭和四三年には、国民総生産が自由主義世界で第二位となった。他方、四大公害訴訟の提起等に象徴される公害問題が発生し、モータリゼーションの進化により交通事故が激増し、昭和四五年にはその死傷者が一〇〇万人を超えるに至り、高度経済成長の負の面が目立つようになったほか、物価の上昇、人口の過疎・過密等の社会問題も生じてきた。

さらに、昭和四〇年代には、学園紛争、過激派集団の街頭闘争が頻発し、マスコミに大きく取り上げられるほど社会問題化してきた。国外関係では、昭和四〇年代は、日韓国交正常化や日中国交正常化、沖縄返還が実現した。

さらに、昭和四八年に勃発した第四次中東戦争に伴うオイルショックは、我が国においても狂乱物価等の影響をもたらし、政治的には、ロッキード事件が表面化していった。

このように世界経済が激動し、国際社会が多元化する中で、我が国の国際的地位は向上し、また、国内的には、国民の多くが中流意識を持つようになるなど、基本的には安定しつつも、国際化、高齢化、成熟化という流れの中で、国民の価値観が多様化していく状況がみられるようになった。

② 私は、ここで記載されているように、当時の我が国社会を支配していた時代の空気ともいうべきものは、次のようなものであったのではなかったかと考えている。

この時期、我が国は高度経済成長の最中にあり、国民所得の向上等もあって、多くの国民は、いわゆる一億総中流意識の下で経済的に比較的安定した生活を送れるようになってきていた。他方、高度経済成長の負の面、例えば、公害、交通事故が増大し、また、大都市への人口の集中化が顕著になって都会と地方との格差が広がり、さらに政治の腐敗が深刻化し、それと並行して、現行秩序にノーを突き付ける学生や過激派の集団的な行動が目立ち始めた。これらからは、我が国の社会・経済・政治の将来に対する漠然たる不安に見舞われ、未来への展望や人生に対する希望的で明確なビジョンを持つことができないことへのあがきのような心情が蔓延していたことが推測されるのである。現状を根本から否定することは避けるが、かといって、未来への展望がないまま、社会悪、近代化の弊害のようなものが積み重なり、それでいて動きがとれない無力感のようなものが人々の心の中に住み着いていたように感じられる。

これを一言で言えば、成熟した社会の到来により人々の価値観が多様化してきたが、他方、未来への展望が開けないまま漂うしかないという閉塞感と焦燥感とに包まれた時代であったといえそうである。

(2) いわゆる五五年体制の確立と政治的な閉塞感

当時の我が国の政治体制は、昭和三〇年（一九五五年）に、日本社会党では左派と右派とが再統一され、それに対抗する形で、日本民主党と自由党とが保守合同して自由民主党が結成され、それにより保革の二大政党が激しく対立するという政治体制、すなわちいわゆる五五年体制が確立した時代であった。この二大政党体制は、その後平成五年の細川内閣の誕生まで三八年間にわたって続いたが、五五年体制下では、自民党が終始多数派となって政権政党を担う状態であり、この体制下では、保革の対立は、最終的には常に与党が勝利を収める形で法案の成立等をみたため、両者の政治的対立は、国会内ばかりではなく、街頭での集団行動や、法廷闘争など様々な形で展開されるような状況が展望のないまま長く続き、政治の面でも閉塞感に見舞われることとなっていたのである。

2 昭和五一年大法廷判決において投票価値の平等がテーマとなった背景と司法部の立ち位置

⑴ 現状に対する問題意識と司法部への期待

① この点については、当時の国民の意識、時代を支配する理念ないし雰囲気等がどうであったのか、前記のとおり、私なりの見方を紹介したが、このテーマは、本来、社会学、政治学、法哲学、心理学等による多面的で実証的な検討が必要であり、最終的にはそちらに委ねざるを得ない。ここでは、投票価値の平等を憲法上の要求と評価して立法府の立法裁量に直接切り込んでいった昭和五一年衆議院議員定数訴訟大法廷判決が、なぜ生まれたのかについて、当時の時代状況と司法部への期待という私なりの理解・視点から、個人的な推論を述べることをお許しいただきたい。

② 国民各自の個人的領域では、当時の時代を支配する国民の意識としては、経済的な面が安定し、一億総中流意識が生まれ、それが人々の平等意識として広がる中で、様々な面で自らの価値観や自我の主張も見られるようになってきていた。そして、各人が、このような平等意識の裏返しとして、他との比較でいわれのない不平等な状態に置かれていることに対し敏感に反応しそれを不満に感ずる傾向が強くなってきていたように感じられる（＊）。

＊ 一九七〇年代には、我が国の国民の間で、中流意識、平等化を信じる意識が広がっているが、この問題を論ずる文献、資料等は多く、様々な視点から分析、紹介がされており、ここでこれらを逐一紹介する限りではない。なお、多くの資料を基に分析した論文等として、神林博史「『総中流』と不平等をめぐる言説：戦後日本における階層帰属意識に関するノート⑶」

東北学院大学教養学部論集一六一号（二〇一二年）六七頁以下及びそこで引用する文献、資料等が参考になる。なお、この論文七五頁では、「野坂昭如が八〇年代の不公平感の高まりを『中流意識とは裏腹な、漠然とした不満感の集約』とコメントしたように、不公平への注目は、〔中略〕より広範で漠然とした社会的不満の表明と見た方が適切なようにも思える。」としており、同感である。

他方、公の面ともいうべき政治の領域に目を転ずると、当時のいわゆる五五年体制は、前記のような閉塞状況に見舞われていた時代であった。そこでは、現状の固定した体制、政治状況、社会の仕組み等をそのまま続けることの意味を改めて問い直そうとする問題意識が国民の間で生じてきており、それが次第に大きくなってくると、現状を打破する方向、手法への関心が高まり、そのことが、多数決原理の支配しない、法原理機関としての司法部の立法府に対する理念的な問題提起を許容し、あるいはそれに期待する時代情勢が生まれてきていたとはいえないであろうか？

(2) 昭和五一年大法廷判決多数意見における司法部の立ち位置

① 以上のように、本大法廷判決の当時の時代情勢においては、政治体制や法制度の採用の場面等で、多数を占める政府及び与党の各種の政治行動や施策が国民の意思を正しく反映しているのかを問う声も聞かれるようになったが、それは、社会や政治を規律する各種政策、立法に対し、それらが真に国民の多くの支持を得られているのか、政府の政治行動が国民の利益に繋がる方向で動いているの

かを問題とする傾向が生まれ、その意味で、これらの施策や政府の行動に対し、その正統性の有無が強く意識されるようになってきていたように考える。

② そして、そのような流れの中で、自己の意見を政治に直接反映させるための選挙制度ないし選挙権が重要な位置付けを獲得し、関心が注がれるようになった。具体的には、選挙区における国会議員の定数が、人口に比べて都市部よりも地方に相対的に多く配分される状態が存置されてきたため、不均衡が極端な状態にまで及んできており、その結果、定数配分の面で人口比例よりも多い地方（過疎地等が多い）での支持が厚い与党の自由民主党が結果的により多くの議席を獲得している点を問題視する動きも見られるようになってきていた。そのため、選挙制度、特に議員定数配分の不均衡が大きいということは、自分たちの投票の国政への影響がゆがんだ形で及ぶこととなり、投票価値の不平等の存在という、平等原則に背馳する状態を生み出していることに対する関心、疑問が次第に大きくなってきていたのではなかろうか。正に、本件定数訴訟は、そのように、国民が、投票価値の平等の実現に強い関心を持ち、それが限界近くまで及んだ時代情勢の中で、提起されたものなのである。

③ 昭和五一年大法廷判決のテーマは憲法の平等原則違反を正すことであり、司法部が得意なテーマである。そして、本大法廷判決は、このような時代の閉塞感を打破し不平等状態を改善するには、多数決原理を基に現状の体制を保持し固定させてきた政治部門ではなく、これとは異なる法原理機関としての司法部に委ねるべきであるという雰囲気が国民全体に広く醸成されてきていたという国民世

論の状況を見定めた上で、立法府では根源的な解決策（投票価値の較差の大幅な縮小となる定数配分規定の改正）が望めそうにないという当時の政治状況を見極め、更には、立法府自体も、自ら対応できないテーマであるため、本音のところでは、司法部が乗り出すこともやむなしとして司法部の判断を受け入れるはずであるという政治的な情勢判断をしていたはずである。その上で、本大法廷判決は、立法府が対応可能な較差の限界をしっかりと見据えて立法裁量に切り込んだ判断を示したのではなかろうか。それは、正に、司法部の立ち位置を踏まえ、情勢分析と司法部の使命を基にした冷静かつ果断な決断をしようとしたものといえよう。そして、その結果は、必ず国民的な支持を得、立法府も司法部の判断に副った対応を行う社会的・政治的状況が生ずるという世界をしっかりと見ていたのではないであろうか（＊）。

＊ 本大法廷判決は、我が国の司法部が、積極的に違憲立法審査権を行使して、国会の立法作用に切り込んでいったのであるが、このような政治性の高い問題について司法部が乗り出した同じような事例をウォーレン・コート期の米国連邦最高裁の態度に見ることができる。私ほか二名の前記司法研究報告書「欧米諸国の憲法裁判制度について」六六頁以下での記述及び私の著書『違憲審査――その焦点の定め方』一七五頁以下の記述がこの出来事を紹介している。

当時、米国は経済的繁栄期を迎え、世界の指導者としての地位を築いていたが、国内問題である人種差別や議員定数の不均衡の解消は早期に解決されるべき課題であったものの、政治部門が長年政治的混乱を嫌い解決を先延ばしにし続け、社会全体が閉塞感に包まれていた。そのような時代情勢下で、その解決を望む国民の意識は、政治的利害状況から離れた司法部が解決に乗り出すことを期待するようになっていた。ウォーレン・コートは、そのような情勢を読んで、私の言葉を使えば、司法部の立ち位置をしっかりと踏まえて乗り出す決断をしたのである。このときの事情は、我が国の本大法廷判決の登場の事情とよく似ており、私としては、そこに司法部としての共通の姿勢・裁判官の視線を感じるのである。

④　本大法廷判決以後、昭和五八年一一月七日衆議院議員定数訴訟大法廷判決（民集三七巻九号一二四三頁）では、最大較差三・九四を違憲状態とし、昭和六〇年七月一七日衆議院議員定数訴訟大法廷判決（民集三九巻五号一一〇〇頁）では、最大較差四・四〇を違憲（事情判決）としたが、後者の較差は、その翌年五月二三日に定数を八増七減とする公職選挙法の定数配分規定の改正により是正されている。このようにして、国会としても、最高裁の違憲ないし違憲状態の判断を受け止めて、較差是正の法改正を行って対応し、その結果、その後の総選挙に関して提起された定数訴訟における大法廷判決でその憲法適合性の判断を行う等の対応がされるようになり、私が言う司法部と立法府との緊張感のあるキャッチボールが続けられるようになっている（この点は、前記『違憲審査――その焦点の定め方』七頁以下参照。）。

国会や内閣としては、このような司法部による定数訴訟の創設に対しては、驚きがあったことが推測される。例えば、昭和六一年一月、当時の中曽根総理が、伊勢神宮参拝の折の記者会見で、最高裁のいうような定数是正ができなければ選挙ができなくなり総理の衆議院の解散権が制約されるという理由からなのか、「司法のオーバーランはないか」と述べ、昭和六〇年衆議院議員定数訴訟大法廷判決を言い渡した司法部への不満とも取れる発言をしているのがその表れであろう。しかし、中曽根総理は、大法廷判決の趣旨に沿った八増七減の定数配分規定の改正を行い、衆参同時選挙を行っており、司法部の投げたボールを受け止めて球を投げ返してきているのであって、結局、昭和五一年大法廷判決が見込んだとおり、定数訴訟において較差の是正を立法府に迫る司法部の判例法理は、立法府、内閣によって受け入れられることとなったのである。

V　高度の政治性を有する問題と司法部の違憲立法審査の在り方
——日米安保条約の違憲審査において「統治行為論」等を採用した背景事情等

＊砂川事件大法廷判決：裁判長は田中耕太郎長官
（最大判昭和三四年一二月一六日・刑集一三巻一三号三二二五頁）

一　砂川事件の背景事情
——日米安保条約の締結・改正と砂川事件の勃発

(1)　ポツダム宣言受諾後の占領軍による日本の統治については、米国のマッカーサー元帥を最高司令官とするＧＨＱ（連合国軍総司令部）が日本政府に指令・勧告する方法による間接的な統治を図ってきた。その後、東西冷戦が進み、朝鮮半島の分断や中国で共産党政権が樹立される等の国際情勢の進展が生じてきており、このような情勢下で、第三次吉田内閣は、西側諸国だけと講和して独立を回復し、独立後の安全保障を米国に依存する途を選んだ。その結果、昭和二六年（一九五一年）九月八日、サンフランシスコ平和条約が締結され、翌年四月二八日には条約が発効し、約七年に及んだ占領は終結し、日本は独立国としての主権を回復するに至った。そして、平和条約締結と同日に、日米安全保障条約の締結がされ、翌昭和二七年二月には、日米安保条約三条に基づく日米行政協定が締結されることとなった。これにより、日本は、米国軍隊に対し、基地の提供と駐留費用の分担を行うことが定められた。このように、我が国の安保体制は、対米依存を強めることとなったが、これに対しては、憲法九条を根拠に、日本の軍国主義の復活をもたらすものであるとする激しい反対運動が展開された。砂川闘争も、この反対運動の一環であった。

この安保条約では、日本は米国に基地を提供し、米国はこれを受諾することが定められたが、米国は日本を守る義務も、基地使用関係について日本に相談する義務もなく、対米従属的な不平等条約といわれ、そのため、対等な日米関係を築き、より相互的かつ包括的な友好協定とするため、安保条約の改定が課題となっていた。そして、昭和三二年二月に総理大臣に就任した岸信介が、安保条約の改定を目指して米国と交渉し、その結果、昭和三五年一月一九日に、いわゆる新安保条約の調印に至ったのである。

(2) ところで、敗戦後、立川飛行場は米国軍隊基地となったが、昭和二五年に朝鮮戦争が始まり、昭和三〇年五月には米国軍隊立川基地の拡張が発表された。砂川事件が起きたのは、それから二年後の昭和三二年七月八日である（＊）。

＊山田隆司『戦後史で読む憲法判例』（日本評論社、二〇一六年）「はしがき」では、『憲法判例を学修するうえで、事件の時代背景を理解しておくことは、大前提となる。』としている。ここで紹介した背景事情は、同書第一一章「『在日米軍基地』と砂川事件」での記述を参考にさせていただいた。

二　砂川事件の概要

１　事案の内容と最高裁への跳躍上告

(1)　この事件は、昭和三二年七月、米国軍隊基地である東京都砂川町の基地拡張に伴う強制測量に反対するデモ隊の一部が、基地境界柵を破壊し、米国軍隊が使用する区域に立ち入ったとして、日米安保条約三条に基づく行政協定に伴う刑事特別法（刑特法）二条違反に問われたものである。

(2)　一審の東京地裁は、昭和三四年三月、本件について、被告人七名全員に無罪を言い渡した。その理由では、米国軍隊の駐留は憲法九条二項前段に違反するという前提に立ち、本件行為については、一般の軽犯罪法一条三二号の規定ではなく、米国軍隊が使用する区域への立入りについてより重い刑罰をもって処罰する刑特法二条違反として起訴されたが、この規定は、何人も適正な手続によらなければ刑罰を科せられないとする憲法三一条に違反する無効なものであるとしている。

この判断は、結局、安保条約が憲法に違反し、国内法的効力を有しないというものである。

(3) これに対し、検察官から跳躍上告の申立てがされた。

2 上告審での処理

(1) 全員一致の処理

最高裁昭和三四年一二月一六日大法廷判決は、一五名の全裁判官一致の意見で、「安保条約は違憲とはいえない。したがって、原判決が安保条約を違憲であることを前提として刑特法二条が憲法三一条に違反するとしたのは失当である。」と判示して、原判決を破棄し、事件を東京地裁に差し戻した。

(2) 跳躍上告の処理

砂川事件大法廷判決は、安保条約の憲法適合性すなわち安保条約の国内法的効力の有無が争点となった事件について、最高裁として最終判断を示したものであるが、当時は、前記のとおり、新安保条約の締結のための日米間の交渉が大詰めに来ていた時期であったため、その結果は、正に、新安保条約の調印の成否に直結するという意味合いをも有する事件であった。第一審では前記の内容のいわゆる「伊達判決」が言い渡され、その後に最高裁に跳躍上告がされ、最高裁としてもそれから約八か月という短期間で、大法廷判決がされた。これも、そのような安保条約の改定という大きな政治的な動きを見ながら、条約の合憲性について最終的な判断を早期に示す必要があるとする最高裁の判断によるものであろう。これは、結論はどうであれ、事件の政治的な意味合いからすると、司法部として早期の処理に邁進した対応は、このような政治情勢下においては理解できる判断であろう。

三　砂川事件大法廷判決の法理と多数意見等の先に裁判官が見ていた世界

1　砂川事件大法廷判決の意見分布等

(1)　多数意見と多くの個別意見

砂川事件大法廷判決においては、安保条約を違憲とすべしとする意見はなく、一五名の裁判官の全員一致で原判決を破棄し、事件を東京地裁に差し戻している。

多数意見（一二名）は、安保条約は主権国としての我が国の存立の基礎に極めて重大な関係を有する高度の政治性を有するもので、それが違憲かどうかの判断は、純司法的機能を使命とする司法裁判所の判断に原則としてなじまず、一見極めて明白に違憲無効であると認められない限りは、裁判所の司法審査権の範囲外のものであるとした上で（いわゆる統治行為論ないし政治問題の理論を採用した。）、安保条約は憲法九条、九八条二項及び前文の趣旨に適合こそすれ、これに反して違憲無効であることが一見極めて明白であるとは到底認められないというものである。なお、この大法廷判決多数意見には、長官を含め七名もの裁判官（田中耕太郎、島保、藤田八郎、入江俊郎、垂水克己、河村大助及び石坂修一）が詳細な「補足意見」を付加している（＊）。

また、三名の裁判官（小谷勝重、奥野健一及び高橋潔）の「意見」も付されているが、その内容は、多数意見が統治行為論を採用して、原則として安保条約に司法審査が及ばないとしたことに反対し、司法審査の対象となるとした上でその合憲性を肯定するものである。

＊ このうち島、河村両裁判官の補足意見については、いわゆる統治行為論ではなく、行政法学者の裁量行為説をいうものとして位置付ける見解がある（最高裁調査官・足立勝義「最高裁判所の砂川事件判決」判例時報二〇八号（一九六〇年）四頁）。たしかに、両裁判官は、安保条約による米国軍隊の駐留は政治部門の裁量権の行使で、その逸脱が明白に認められない限り裁判所が介入できないという表現を用いており、行政権行使の逸脱濫用の有無の審査と似た判示になっている。しかし、行政権の行使は、その基になる法令が認めた範囲で行うことが求められ、それが逸脱濫用となるか否かについては厳格に司法審査が行われることは法治主義の原則からも当然であるが、安保条約の合憲性の有無については、事柄の性質上、基本的には立法府の自由裁量であり、（一見極めて明白に違憲と認められない限り、）そもそも司法審査に適さず、その範囲外とするものであり、意味合いが異なる。要するに、逸脱濫用という表現の実質的な意味合いが異なるのであって、単に構造的に似ているため、同じ逸脱濫用という表現で説明したものにすぎず、正に、統治行為論により判断すべきであることを述べたも

のであることには変わりがない。本大法廷判決においても、両裁判官の見解が、多数意見と理由が異なる「意見」ではなく、「補足意見」とされているゆえんである。

(2) 各裁判官の判断の広さと深さ

安保条約は、周知のとおり、我が国の平和と安全、ひいては我が国存立の基礎に極めて重要な関係をもつ高度の政治性を有するものであるが、当時は国内で、日本国憲法の戦争放棄・戦力不保持を謳った九条や憲法前文で述べる平和的生存権の思想を踏まえ、安保条約の締結・改正等に対する賛否等が政治運動として激しく展開される状況にあった。そのため、本大法廷判決による違憲立法審査権の行使をどう考えるか、その結論をどうするのかは、我が国安全保障政策の行く末に大きな影響を与えることは当然であり、加えて、司法部としては、三権分立の原則の下で、司法権の在り方、司法部の立ち位置をどう考えるかという根源的な問題に答えを出すことになるものであり、今後の司法権の行く末に与える影響は計り知れない広がりを生ずることになるのは必定であったのである。

このような認識の下で、様々に展開された多数意見、補足意見及び意見が付されたが、これらは、いずれも各裁判官が必死で考え、意見を戦わせたことがうかがわれるもので、誠に迫力のあるものとなっている。各裁判官が、その判断の先にどのような世界を見ていたのか、その熱い思いが読む者に伝わってくるのである。

2　砂川事件大法廷判決・多数意見の示す法理等

多数意見の判断のポイントは、以下のとおり、(1)憲法九条の趣旨、(2)安保条約の憲法適合性の判断と統治行為論、(3)安保条約が一見極めて明白に違憲といえるか、の三点から成っている。

(1)　憲法九条一項、二項の趣旨（ポイント1）

この点の判示内容を要約すると、次のとおりである。

(i)　憲法九条は、かつての我が国の軍国主義的行動を反省し、再び戦争の惨禍が起こることのないようにすることを決意し、恒久の平和を念願して制定されたものであり、前文及び九八条二項の国際協調の精神と相まって、平和主義を具体化した規定である。

憲法九条一項では、国際平和を誠実に希求し、また、国権の発動である戦争と、武力による威嚇又は武力の行使は、国際紛争を解決する手段としては、永久に放棄すると規定しており、同条二項は、「前項の目的を達するため、陸海空軍その他の戦力は、これを保持しない。国の交戦権は、これを認めない」と規定した。

(ii)　したがって、憲法九条は、同条にいわゆる戦争を放棄し、いわゆる戦力の保持を禁止しており、そして、ここでいう戦争は、九条一項を踏まえると、国際平和の精神に反する戦争、軍国主義的行動をいうものであり、結局、ここで放棄したのは、侵略戦争ということになろう。

(iii)　しかし、我が国が主権国として持つ固有の自衛権は何ら否定されたものではなく、我が国が、自国の平和と安全を維持しその存立を全うするために必要な自衛のための措置を採り得ることは、国家固有の権能の行使として当然のことである。

(iv)　そうすると、侵略のための戦力を保持しない以上、我が国の防衛力の不足が問題になり、これを、平和を愛好する諸国民の公正と信義に信頼することにより補うこととなるが、これは、国連安全保障理事会の措置に限定されるものではなく、我が国の平和と安全を維持するための安全保障であれば、その目的を達成するに相応しい方式又は手段である限り、国際情勢の実情に即応して適当と認められるものを選ぶことができるはずである。

(v)　そうすると、憲法九条は、他国に我が国の安全保障を求めることを、何ら禁ずるものではない。そこで、九条二項の法意を考えると、同条項において戦力の不保持を規定したのは、我が国がいわゆる戦力を保持し、自らその主体となってこれに指揮権、管理権を行使することにより、同条一項で永久に放棄すると定めたいわゆる侵略戦争を引き起こすようなことにならないようにするためである。したがって、同条二項がいわゆる自衛のための戦力の保持をも禁じたものであるか否かは別として、同条項がその保持を禁止した戦力とは、結局我が国自体の戦力を指し、外国の軍隊は、これが侵略戦争を行うためではなく、我が国の平和主義に基づき、自衛権の手段として用いられるものであれば、たとえ我が国に駐留するとしても、九条二項が禁止する戦力には当らない。

(2) 安保条約の憲法適合性の判断と統治行為論（ポイント2）

多数意見は、米国軍隊の駐留が憲法九条、九八条二項及び憲法前文の趣旨に反するかという論点について、次のように判示した。

(i) 米国軍隊の駐留がこれらに反するのであれば、違憲となるが、その判断のためには、安保条約がこれらの条章に反するかどうかが前提となる。

(ii) 安保条約は、平和条約と密接不可分の関係にあり、また、我が国の防衛のための暫定措置として、我が国の平和と安全、ひいては我が国存立の基礎に極めて重大な関係を有する。また、その締結に際しては、適式に締結され、衆参両議院の慎重審議により国会で承認されたもので、形式、手続上は問題がない。

(iii) 安保条約は、我が国の存立の基礎に重大な関係を持つ高度の政治性を有し、その内容が違憲か否かは、条約を締結した内閣及びそれを承認した国会の高度に政治的ないし自由裁量的判断と表裏をなす点が少なくない。

それゆえ、違憲なりや否やの法的判断は、純司法的機能をその使命とする司法裁判所の審査には、原則としてなじまない性質のものである。したがって、一見極めて明白に違憲無効と認められない限り、合憲か否かは、裁判所の司法審査権の範囲外であって、それは第一次的には、安保条約の締結権を有する内閣及びこれに対して承認権を有する国会の判断に従うべきであり、終局的には、主権を有する国民の政治的批判に委ねるべきものである。

(3) 安保条約が一見極めて明白に違憲といえるか（ポイント３）

ここでは、ポイント2の判断を踏まえて、安保条約が違憲かどうかの具体的な検討を行っている。

(i) 安保条約及びその三条に基づく行政協定の規定を見ると、我が国に駐留する米国軍隊は、外国軍隊であり、我が国自体の戦力ではなく、これに対する指揮権、管理権は、すべて米国にあり、我が国がその主体となってあたかも自国の軍隊に対するのと同様の指揮権等を有するものではない。

(ii) また、この軍隊は、安保条約一条の示すように、極東における国際平和と安全の維持に寄与し、外国の干渉による我が国の大規模な内乱及び騒擾を鎮圧するために我が国政府の明示の要請による援助を含め、外部からの武力攻撃に対する日本国の安全に寄与するために使用され、その目的は、我が国を含めた極東の平和と安全を維持し、再び戦争の惨禍を起こさないようにすることにある。

(iii) さらに、我が国がその駐留を許容したのは、我が国の防衛力の不足を、平和を愛好する諸国民の公正と信義に信頼して補おうとしたものにほかならない。

(iv) 以上によれば、米国軍隊の駐留は、憲法九条、九八条二項及び前文の趣旨に適合こそすれ、これらの条章に反して違憲無効であることが一見極めて明白であることは到底認められない。そのことは、憲法九条二項が、自衛のための戦力の保持をも許さない趣旨か否かにかかわらない。

3 多数意見の法理等の理解

(1) 憲法九条一項、二項の趣旨（ポイント1）の理解について

① この点の多数意見の判示は、安保条約の合憲性審査のため、その前提となる憲法九条の趣旨について憲法解釈を示したものである。

② ここで示された一般的な法理、憲法解釈は、その後、国会、政府、学説等各方面で様々な理解、評価等がされているが、それらが正鵠を射ているかどうかは別として、いずれにしろ、この多数意見の解釈は、当然、駐留米国軍隊の合憲性の有無が念頭にあり、前記のとおり、むしろ、その合憲性を認めやすくなる説示内容（合憲という判断のしやすい内容の解釈）となっている。

③ 後述のとおり、ポイント2の「安保条約の憲法適合性の判断と統治行為論」では、安保条約の合憲性については、司法審査の対象にならないという結論を採っているが、この結論を採るのであれば、このポイント1の法理及び憲法解釈をわざわざ示す必要はなく、端的に、安保条約の内容・性質等からして高度の政治性を有し、内閣ないし国会の判断に委ねるべきであるというポイント2の統治行為論をそのまま述べれば足りるはずである。

また、我が国の憲法により司法部に付与された違憲立法審査制度は、抽象的な規範統制、すなわち具体的な事件を離れ、法令の一般的な合憲性審査を行うのではなく、具体的な事件処理に必要な限度で、その前提として違憲審査を行うものである。そうであれば、安保条約の合憲性については司法部

が審査をしないというのであれば、ポイント１の説示は不要ないしすべきではなかったということになりそうでもある。いずれにしろ、ポイント２で高度の政治性のある安保条約の合憲性については司法審査の対象外であるとした説示と、ポイント１の合憲性審査の前提としての九条について憲法解釈を展開した説示とは、その整合性、すなわち、ポイント１の必要性が気になるところである。

この点については、本法廷判決が採用したいわゆる統治行為論をどう捉えるのか、更には、本大法廷判決は、一般にいわれているように司法部の違憲立法審査権の行使を自己抑制した司法消極主義的な判断を示したといえるのか、といった問題と繋がってくるように思われる。

(2)　安保条約の憲法適合性の判断と統治行為論（ポイント２）及び安保条約が一見極めて明白に違憲といえるか（ポイント３）の理解について

①　ポイント２については、結局、安保条約は、我が国の存立の基礎に重要な関係を持つ高度の政治性を有し、その内容が違憲か否かは、内閣及び国会の政治的ないし自由裁量的判断と表裏をなすものであるから、一見極めて明白に違憲無効と認められない限り、司法審査の対象外であるとした。これは、いわゆる統治行為論あるいは米国憲法判例でいう政治問題（political question）の理論として理論化されてきた司法審査の対象から除外されることの説明を述べたものである。

そこでは、安保条約の締結に際しては、適式に締結され、衆参両議院の慎重審議により国会で承認されたもので、形式手続上は問題がない旨の判断がされ、また、「一見極めて明白に違憲無効であると認められない限り」という留保が付されている。この点をどう考えるかが問題となろう。

②　この安保条約が「一見極めて明白に違憲無効であると認められない限り」とは、どのような場合をいうのであろうか。このような留保条項に該当する場合とは、誰が見ても違憲無効であることが客観的に明らかな場合をいい、そうであれば、その場合は、政治的な判断を要する事項ないし政治的な判断に委ねるべき事項ではなく、司法部が介入することに問題はなく、介入は可能であるから、司法部が介入することが立法判断・立法裁量を侵害する余地がないため許されるというものであろう。具体的には、ポイント2の中で判断されている、安保条約の締結や国会承認を欠くなど、その成立の形式的な手続が不存在ないしそれに明らかで重大な瑕疵のある場合が挙げられよう。

また、安保条約の目的、内容が、我が国憲法の平和主義と明らかに矛盾し、我が国の自衛のため、その平和と安全を守ることに全く寄与せず、専ら侵略戦争を行うためのものであることが条約の条項の内容等から明白である等の場合であろう。そのような場合には、我が国憲法の基本原理である平和主義に反することは明らかであるから、統治行為論の前提となる政治部門の裁量・判断に委ねる余地はなく、司法部が介入することが憲法の三権分立の原則に背馳するどころか、介入し違憲審査を行うことが司法部の本来の責務、権能であるとされるからである。

③　そして、ポイント2では、安保条約の成立手続に形式上問題がない点を判示し、ポイント3では、我が国に駐留する米国軍隊は、我が国が指揮権、管理権を有せず、我が国が主体となって指揮権

等を有するものではなく、また、安保条約一条が示すように、この軍隊が我が国の安全に寄与するために使用され、我が国を含めた極東の平和と安全の維持等を目的とするものであり、米国軍隊の駐留を許容したのは、我が国の防衛力の不足を、平和を愛好する諸国民の公正と信義に信頼して補おうとしたものであるとしている。

これらの判示は、安保条約が「一見極めて明白に違憲無効とはいえない」旨を具体的に説示するものであり、統治行為論を採用し司法審査の範囲外とすることができることを検証したものである。

④　ところが、本大法廷判決は、ポイント３の最後に、結論として、米国軍隊の駐留は、憲法九条、九八条二項及び前文の趣旨に適合こそすれ、これらの条章に反して違憲無効であることが一見極めて明白であるとは到底認められないと締めくくっている。

ここでの判断は、結局、統治行為論を採用し、安保条約・米国軍隊の駐留の合憲性は、政治的な判断事項であるから、司法部としては自らこれを違憲無効とはしないという消極的な意味の説示であるはずである。しかしながら、判文上は、前記のとおり、憲法九条等の趣旨に「適合こそすれ」、憲法の条章違反が客観的に明らかであるとは「到底認められない」としている。これは、司法審査の対象外で違憲無効とはいえないとして裁判所が違憲審査の判断を自己抑制した趣旨の説示であるはずであるのに、まるで積極的に合憲と判断したような表現ぶりとなっている点が気になるところである。

この点は、本大法廷判決が統治行為論を用いて自らの判断を控えたのは、どの事項で、どの範囲においてなのかという点とも関係しており、結局、本大法廷判決が採用した統治行為論の意味と評価に関係するところであり、次に検討する。

4　本大法廷判決の採用した統治行為論の意味と評価

⑴　ポイント1の積極的な判示の位置付け

①　砂川事件の最重要論点である安保条約が違憲無効といえるか否かについて、本大法廷判決は、ポイント2で、司法審査の範囲外であるとする統治行為論を採用した。そうであれば、前述したように、この判断のみで足りるはずである。

②　ところが、ポイント1では、改めて整理すると、次のⅠないしⅣの憲法解釈を展開した。

Ⅰ　九条の謳う戦争放棄は、一項を踏まえると侵略戦争をいう。

Ⅱ　自衛権は、国家固有の権利として当然に認められる。

Ⅲ　この自衛のための防衛力の不足を補うためには、国連安保理の措置に限定されず、国際情勢の実情に即応して適当と認められるものを選ぶことができる。

Ⅳ　二項が保持を禁止する戦力は、我が国が主体となって指揮権等を行使するもので、外国の軍隊を使うことは、平和主義に基づき、自衛権の手段であれば、我が国に駐留していても禁止されない。

というものである。

③　このⅠないしⅣの憲法解釈は、安保条約や米国軍隊の駐留が合憲であると積極的に判断するためには、その前提となるもので必要な説示である。しかし、安保条約等が政治性が高いとして、統治行為論により合憲性の司法審査を行わないというのであれば、必ずしも必要とはいえない。もっとも、このうちⅡの自衛権を認める説示は、我が国憲法が自衛権をも否定しているという解釈であれば、安保条約が違憲であることは一見極めて明白に違憲となり、統治行為論では処理できなくなるので、その意味では必要な説示であるが、この内容はあえて判示するまでもなく、いわば当然了解できる説示であろう。

④　このⅠないしⅣ（Ⅱを除いたとしても）の説示は、憲法九条一項、二項から当然にあるいは容易に導かれるものではなく、我が国の平和主義と安全保障の在り方について最高裁が正に自らの憲法解釈として示したものである。特にⅢ、Ⅳについては、九条が、例外のない戦争放棄と戦力不保持を謳い、自衛権の行使も国連安保理の活動に委ねるという徹底した平和主義を規定しているとする見解によれば、他国の軍隊による我が国の安全保障を図る趣旨の国際条約を締結することは、九条の理念に反し、到底受け入れ難い憲法解釈ということになろう。そうすると、最高裁としては、これらの点については、政治性が高いテーマであり、周知のとおり、安保条約締結・改定を巡って行われた激しい政治闘争における重要な対立点であるから、司法部としては、統治行為論により判断を避けるという

方法もあり得たはずである。

ところが、本大法廷判決は、ポイント1でこれらすべてについて積極に肯定的な憲法解釈を行ったため、安保条約は、よほど侵略戦争を意図したような条項等が含まれていない限り、あるいは、条約の締結における手続が不存在である等の形式的な問題が存在しない限り、違憲であるとされる余地はないことになる。そして、この観点からは、一見極めて明白に違憲無効と認められる事由が存在しないことは明らかなのである。

(2) ポイント2で判示した統治行為論の内容

そうなると、ポイント2で説示した統治行為論の中味は、特定の「安保条約」を対象とし、駐留米国軍隊に我が国の平和と安全を委ねる内容の条約を締結することが我が国の平和と安全保障に資するのか、逆に、戦争に巻き込まれるおそれが高まり、避けるべきなのか等の政治的・政策的判断の当否ということになり、この点について司法部が介入すべきでないことは容易に承認されるはずである。

そうすると、ポイント2の統治行為論の採用は、正に当該安保条約を防衛政策として採用するべきかどうかの審査についてであり、その当否を司法部が介入して判断するのには適さないという意味になるのである。そうであれば、司法部の司法審査の対象をどう考えるかという点での教科書的な憲法理論の問題となるのであるから、司法審査の範囲外という結論は自然に出てくるものであろう（*）。

＊補足意見のうち、田中耕太郎長官の見解については別途触れることにし、他の六名の裁判官については、最高裁として初めて統治行為論を採用する判断を示すことから、安保条約の合憲性の審査が司法審査の範囲外であるとする点について、政治性の極めて高い問題についての司法部の違憲立法審査権の在り方、司法の本質論等の観点から、それぞれが詳細な説明をしており、読み応えがあるものとなっている。ここでは、その内容を詳細に紹介することはできないが、政治的テーマに関し、司法審査の範囲外であるとすることの司法の本質論からする積極的な意味づけや、三権分立の原則と司法と立法との抑制均衡関係の在り方等について、それぞれの見解が展開されており、各裁判官の真剣な眼差しが感ぜられるものとなっている。

5　多数意見の裁判官の視線～その先に見ていた世界は？

(1)　想定された判決批判と多数意見の形成

砂川事件大法廷判決は、その後、いわゆる安保闘争の一方の勢力、マスコミ、憲法学者等から激しい批判を受けたが、それは、これまで見てきたように、実は、統治行為論を採用した点というよりも、主として、ポイント１における前記のⅢ及びⅣの説示がされた点に対してであり、他国の軍隊による我が国の安全保障を図る趣旨の国際条約を締結することを憲法九条は禁止していないという解釈が批判の的になったのである。

本大法廷判決への批判には様々なものがあるが、その内容は、結局、前記判例時報二〇八号七頁以降で取り上げている佐藤功教授、和田英夫教授及び大野正男弁護士の批判的コメントに言い尽くされているように思われる。要するに、憲法九条や前文は、日本の平和や安全保持の方法については、本来、敗戦の反省を踏まえ、国家間の紛争を解決するために、それが自衛のためであっても、一切の武力の行使をしないことを宣言し、紛争の解決、侵略された場合の自衛の措置としては、国連安保理等による措置と平和を愛する各国との連携等による方法に限ることとし、軍事力の行使については、それが外国の軍隊によるものであっても、我が国の平和と生存の確保のための手段としては採らないことを宣明しており、そのような理念、手段等が憲法九条、前文等から読み取れるはずであるのに、砂川事件大法廷判決は、そのような積極的な方向付けを殊更無視して、統治行為論等により司法審査の範囲外とした判断、あるいは、私の説明によれば、ポイント1で展開された憲法九条の解釈（特に前記のⅢとⅣ）を非難するものである。

多数意見としては、このような非難がされることを当然想定していたと思われるが、その上でなお、憲法判断を展開した先に各裁判官がどのような世界を見ていたのかを検討してみたい。

(2) 徹底した平和主義か、選択的平和主義か

我が国の憲法の基本理念である平和主義については、平和的生存権及び戦争放棄・戦力不保持を骨子とするものであるが、これを定めているとされる九条及び前文においては、この具体的内容につい

て一義的に明らかに規定しているものはない。前記の本大法廷判決に対する批判的コメントが具体的に指摘している点との関係でみると、まず、自衛のためであってもおよそ自国の防衛のために軍事力（それが外国軍隊であっても）を一切用いないことまで宣言している条項は見当たらず、憲法九条一項、二項にも、そのような方向性を明確に示す定めはない。

その上で検討すると、司法部としては、安保条約による日本国の防衛というテーマについて、九条等が前記の批判的コメントがいうような内容（「徹底した平和主義」という。）を規定しているという条文解釈を行った上で安保条約を違憲無効と断ずる処理をするもの（第一の方法）と、正に我が国の防衛をどのような方法で行うべきかについて、平和主義に基づくという基本の枠組みはあるものの、前記のような明文による方向付けがない以上、選択し得る幾つかの方法のうち、現実的にどれを具体的に選択すべきかを司法部が最終判断をし決定するのではなく、政治部門での判断、そして究極的には主権者である国民の選択に委ねるべきものであるとして（「選択的平和主義」という。）、いわゆる統治行為論ないし政治問題の理論により、司法判断を回避する処理をするもの（第二の方法）の二つが考えられよう。

⑶　徹底した平和主義による安保条約の違憲性

第一の方法は、繰り返しになるが、前記の批判的コメント（徹底した平和主義）がいうように、憲法九条等が我が国の防衛について、完全な非武装を謳っており、国際紛争は、国連安保理の措置と国際協調主義の諸国の協力のみによることとし、他国の軍隊には一切頼らないという政策は、憲法の平和主義を徹底するものであり、敗戦への反省も踏まえ、唯一採るべき途であるとする主張・見解である。この第一の方法は、基本的には憲法制定当時の立法者等が抱く平和理念をそのまま踏襲するものであり、最も徹底した世界に冠たる平和主義を定める九条を有する我が国としては、その理念やその実現方法はこれが唯一不変のものであるとしてそれを信奉し政治的確信ないし揺るぎない政治信条に至っている人達からは、熱烈に支持される見解となっており、それによれば安保条約の違憲性は明らかであるということになる。

(4) 多数意見の選択的平和主義による処理

しかし、本大法廷判決の多数意見は、この第一の方法をポイント1の判示（特に前記のⅢ及びⅣ）によって明確に否定したのである。当時の状況下で、強い批判が予想されるにもかかわらず、徹底した平和主義を否定した理由は何であったのであろうか？

① 我が国憲法の九条及び前文が掲げる平和主義は、世界に冠たる崇高な理念であり、時代により、あるいは政治状況により変わることのない不変のものである。しかし、多数意見は、ポイント1で、繰り返しになるが、九条の戦争放棄・戦力不保持は、軍国主義を排し、侵略戦争を放棄するものであるが、主権国としての固有の自衛権を有することは当然であるとした上、我が国の平和と安全を脅かす事態が生じた場合、我が国の防衛力の不足を補う必要があり、それは、国連の安保理の措置に限定

されることなく、我が国の平和と安全を維持するために相応しい方式、手段である限り、国際情勢の実情に即応して適当と認められるものを選ぶことができるとし、我が国が自ら指揮権、管理権を有しない外国の軍隊を駐留させて防衛させることは、九条二項が禁止する戦力とはいえないとした。

②　当時の我が国は、前記のとおり、憲法制定時には想定されていない国際情勢の中にあり、特定の国からの露骨な侵略戦争が仕掛けられるおそれはないものの、世界の各国が政治的主義・主張の違いから二分され、深刻な東西冷戦の状態が起こり、我が国を取り巻くアジアの国々も、朝鮮半島の分断や中国で共産党政権が樹立される等の様々な深刻な対立構造が生まれていた。我が国は、そのような情勢下で、西側諸国だけと講和する途を余儀なくされ、平和条約の締結、同日の安保条約やその後の日米行政協定の締結がされて、我が国の安全保障体制を築くこととなり、対米依存を強めざるを得ない状況下にあったのである。

③　多数意見がポイント1で、そのような状況下で、我が国の平和と安全を確保するため、「国際情勢の実情に即応して適当と認められるものを選ぶことができる」はずであるとしたのは、このような当初想定していなかった国際情勢の展開があり、我が国の平和と安全の確保は、理念的に最初から決められたものに縛られるのではなく、事柄の性質上、国際情勢の展開を踏まえ、それに対応し得るものでなければならないはずであり、最初からその範囲を厳格に制限することが憲法の趣旨であるとはいえないとする判断があったのであろう。したがって、その点については、多数意見は、広く、情

勢に適合した方法や手段を臨機に採ることを最初から禁止しているような徹底した平和主義の見解は採用しないという明確な憲法解釈を示したのである。それは、統治行為論ではなく、平和と安全の確保の方策としては、第一の方法のように限定された処理をすることを明確に否定し、憲法九条等は、他国の軍隊を駐留させる方法も、平和と安全を確保するものであれば、広く選択できる趣旨をも含んでいることを判示したものである。

すなわち、徹底した平和主義ではなく、国際情勢に適合した様々な複数の防衛策の中から選択する余地を認め（もちろん、徹底した平和主義による防衛策も、それが米国に依存しないことが我が国の平和と安全に結局は資するという政治判断であれば、その採用も否定されないことになる。）、政府や国会は、採るべき防衛策を当初の考えに縛られず広く検討できることを積極的に示したということになる。

④　この考え方は、多数意見（三名の裁判官の「意見」も同様であろう。）が、我が国の平和と安全を維持するための手段、方法のうち、徹底した平和主義による戦争放棄・戦力の不保持によるものしか認めないとする見解は、仮に、憲法制定当時の起草者等の考えと整合する点があったとしても、その後の国際情勢に適合しないものであるとする考え方を採っていたことを強く推測させる。

(5)　憲法の変遷について

ところで、多数意見がこのような選択的平和主義の考え方を採っている場合、仮に、既に徹底した平和主義が憲法の公権的解釈となっていたのであれば、どうなるのかという問題があろう。これはどのようにしてそのような公権的解釈となったのか、どのような機関等が行った解釈なのかの問題もあり、その前提が決まらなければここで検討することはできない。

なお、一般的にいえば、容易に改正ができない硬性憲法において、憲法の規定が時代の変遷と齟齬し、その法的効力を認め難い客観的状況が到来し、閉塞状況に陥っている場合であれば、いわゆる憲法の変遷（Verfassungswandlung）（＊）が問題となろう。そこでは、憲法が改正されないままであっても、憲法の持つ意味、機能が、時代の変遷や世界情勢の変化とともに、従前とは異なるものに変わっていくという考え方である。例えば憲法九条が、以前とは異なり今の世界状況等に適合する内容を定めるもの、あるいはそのような機能を承認すべきものに変遷するに至っているのか（憲法の変遷はあるのか）、あるいは、逆に、そのような変遷はないのか、が真剣に議論されなければならないところとなる。

しかし、実際は、本大法廷判決が、憲法九条等についての初めての公権的解釈であったため、憲法の変遷の問題ではなく、その時点で白紙の立場で、国際情勢の展開に即応する判断を示すこととし、あえてポイント１のⅢ、Ⅳの積極的な説示をしたのであろう。

＊　「憲法の変遷」は、周知のとおり、ドイツのゲオルク・イェリネックが提唱する理論であり、紹介は控えるが、我が国においては、正に憲法九条の解釈を巡りその採否が議論されてきている。私が学生時代に受けた芦部信喜教授の憲法の講義の中で、「憲法の変遷」という理論

があって、この観点から九条は変遷があったという見解もあるが、自分は、九条は変遷したとはいえないと思う、と述べておられたことを、今でも記憶している。要するに、九条の解釈は、「憲法の変遷」の理論の採用が俎上に載り得るようなテーマなのであろう。

(6) ポイント2の統治行為論の位置付け

① そうすると、本大法廷判決がポイント2で判示した統治行為論は、このようなポイント1の判示で広く認められた政策選定の範囲の中で、我が国政府が、我が国の平和と安全の確保に資する防衛策として、米国軍隊の駐留を許して我が国の防衛の役割を担わせるために選択した本件安保条約について、その方向性は憲法に反してはいないが、その具体的な内容が、一見極めて明白に違憲無効と認められない限り、憲法九条等に違反している点があるか否かについては、第一次的に政府、国会の裁量的判断に委ねるべきもので、司法審査の対象とはならないとする趣旨で統治行為論を採用したもの、と解することになろう。

そう考えると、ポイント2の統治行為論の採用については、ポイント1の判断を前提とする以上、それ自体は、自然なものということにもなろう。

② 前記のとおり、多数意見は、安保条約の合憲性の判断に当たり、一見極めて明白に違憲無効かどうかについて、米国軍隊の駐留は憲法九条等の趣旨に適合こそすれ、これらの条章に反して違憲無効であるとは到底認められないとしている。そこでは、立法府の裁量事項であることから司法部は判

断を控えるのではなく、むしろ、司法部自らが合憲性に疑義を感じられない旨を示したかのような積極的な説示となっているが、これは、正に、ポイント１の判断があるため、この傍点部分のような説示がされたのかもしれない。

(7)　自衛のための戦力の保持に関する断り書きの意味（ポイント１及び３）

①　ところで、多数意見は、ポイント１にある憲法九条二項の憲法解釈を示す判文中と、ポイント３の安保条約が一見極めて明白に違憲といえるかの判断の中で、いずれも、前記三２の(1)(v)及び(3)(iv)中の傍点部分にある「同条二項がいわゆる自衛のための戦力の保持をも禁じたものであるか否かは別として」という同じ趣旨の判文が見られる。これは、自衛のための戦力の保持が禁止されているかどうかという九条二項の解釈の重要な論点というべきものについて、本判決では判断を示さないことを殊更に述べたものであるが、判断を示さないのであれば何も断り書きをする必要はないともいえる。そうすると、この断り書きを加えた趣旨・意図が気になるところである。

②　この判文が挿入された意味については、様々な推測があり得ようが、各裁判官が司法部の立ち位置をどう考えているかという観点からみると、次の二つの見方がありそうである。

一つは、次のとおり。

多数意見が、前述のとおり、ポイント１において、我が国は主権国として固有の自衛権を有するとし、侵略のための戦力は保持しないが、我が国の平和と安全を維持するための安全保障であれば、

「その目的を達するにふさわしい方式又は手段である限り」という留保付きではあるが、「国際情勢の実情に即応して適当と認められるものを選ぶことができる」とし、我が国の平和と安全を維持する手段、方法については、徹底した平和主義により採り得る範囲を限定するのではなく、他国の駐留軍隊を利用する余地も認めていることになる。そうすると、その延長として、自衛のための戦力の保持も、それが平和主義に反するものでない限り、自衛策として採用の余地があるという見解に立っていると解されるおそれがある。しかし、この点は、選択的平和主義の観点に立っても、司法部が積極的に自衛のための戦力の保持について合憲性を肯定する判断をすべきかどうかは慎重な検討が求められるところであり、加えて、そもそも、本件事案の処理に必要不可欠なものではない。そうであれば、この点についての憲法解釈、合憲性審査はあえて避けるべきであると考え、このような誤解を避けるために、このような断り書きを二個所において行ったという見方である。

他の見方は、次のとおり。

後述するとおり、田中耕太郎長官は、補足意見中で、法学者としての自己の公法理論ないし国際協同体の理念を展開し、各国の自衛権行使を積極的に位置付ける考え方を主張されていることから推測すると、他の協同体の国が自衛の戦力を持つ以上、憲法九条二項も自衛のための戦力の保持を禁止してはいないとする見解を有していた可能性が高い。

しかし、それを多数意見中に明記することについては、他の裁判官が、田中長官の見解を支持するかどうかはともかく、本件の処理に直接関係ない論点であるから、判断を控えるべきであると考えたが、田中長官が補足意見を展開するためのとっかかりが必要であるという点にも配慮し、あえて不自然な断り書きを付加したというものである。

③　私としては、一つ目の見方を採りたいと思うが、要するに、最高裁大法廷の重要な憲法判例の多数意見の判文に、このような不自然な断り書きを付すことは、判決では判断をしていない点について様々な憶測や賛否を生じさせることになり、十分な留意が必要であると考える。

④　憲法九条については、その規定ぶりが詳細・具体的なものとなっていないため、(i)国権の発動たる戦争と武力行使の関係、(ii)「国際紛争を解決する手段としては」の意味、(iii)二項に「前項の目的を達するため」を挿入した意味、(iv)九条二項の「陸海空軍その他の戦力」の内容、及び(v)国の交戦権の内容等について、色々と解釈の余地が生まれ、本大法廷判決も、これらの点については必ずしも明確な解釈を示してはいない。そのため、それらが論者ないし関係者の有する平和主義に関するスタンス等と関係して、様々な解釈が錯綜する事態となっている（＊）。それゆえ、司法部としては、ドイツのボン基本法による憲法裁判所が、歴史的・政治的経緯から、政治的色彩の強い事件についても能う限り積極的な憲法判断を行う制度として創設されたのとは異なり（＊＊）、我が国においては、司法審査の対象の範囲をどう定めるかは慎重な姿勢が必要であり、不自然な断り書きを付けることの是非については、この点からも改めて考えさせられるところである。

＊ 辻村みよ子『憲法〔第六版〕』（日本評論社、二〇一八年）「第一部　第四章　平和主義」の項（六一頁以下）では、憲法九条の解釈に関する多くの見解を整理し、問題点を分かりやすく解説されている。

＊＊ ドイツのボン基本法下での憲法裁判所の位置付けと任務については、千葉ほか二名の前記「欧米諸国の憲法裁判制度について」一六六頁以下を参照されたい。

6　田中耕太郎長官の補足意見について

(1)　田中補足意見の骨子

①　田中補足意見は、正確には、多数意見を補足するという範囲を超えて、自らの学説を展開するものである。

まず、本件は、本来、安保条約に基づく米国軍隊の駐留の合憲性の問題を判断するべきものでなく、刑特法二条は米国軍隊の駐留がある以上有効であって、この二条違反の問題にすれば足りる旨の見解が述べられたほか、次のような自己の法学者としての学問的な体系を踏まえた国の防衛権の在り方等や、平和主義の意味を説明するものである。すなわち、およそ国家がその存立のために自衛権を持っていることは、一般に承認されており、その防衛力の規模等の判断は、その時々の世界情勢等を考慮に入れた政治的裁量の問題であるとし、また、今や諸国民の間の相互連帯の関係は、一国民の危急存亡が必然的に他の諸国のそれに直結する程度に拡大されているので、憲法の平和主義は世界法的次元に立って解釈すべきであるから、自国を守ることは他国を守ることになり、これは、国際協同体内の平和と安全の維持の手段であって、国際社会における道義的義務でもあるとしている。

② これを踏まえて、安保条約も、その締結の意図が「力の空白状態」によって我が国に対する侵略を誘発しないための日本の防衛の必要性及び世界全体の平和と不可分である極東の平和と安全の維持に必要であって、米国軍隊の駐留は憲法九条に違反しないとしている。

(2) 田中補足意見に対する感想

① 田中補足意見の述べる世界平和の理念は、当然、当時の我が国を取り巻く国際情勢を踏まえたものと思われるが、前記(1)①は、我が国の防衛は、世界の民主的な平和愛好諸国による国際協同体の平和と安全を維持する手段でもあるとしており、これは、我が国を含む友好国の安全を図るという広い意味での集団的安全保障の考え方を述べていると理解でき、そのための防衛力は、憲法九条二項が保持を禁止している戦力とは性質が異なることを述べているといえよう。

この見解自体は、国際法の世界における世界平和の姿を格調高い調子で述べたものであり、国際法理論としては傾聴に値するものであろう。もっとも、この論述での表現は、我が国と連携した国際平和を志向する国々とそれらと対立する平和を脅かす国々というシンプルな二分法が前提とされており、また、友好国との連携においても、その間に様々な利害等が生じかねず、それゆえ複雑多岐にわたる政治的・経済的考慮要素を複眼的に見ながら世界平和を慎重に模索し果敢に乗り出す必要があるテーマであるので、そのようなテーマに関する最高裁判事としての法的判断としては、理念的あるいは図式的であり過ぎないかがいささか気になるところである。

② また、前記(1)②は、具体的に安保条約を取り上げ、「力の空白状態」によって我が国への侵略を誘発しないようにするために必要であり、また、極東の平和と安全の維持に必要な手段でもあると述べたものであって、安保条約が田中長官の国際法理論上、世界平和の構築に資するものであることから、積極的な評価がされている。この点で多数意見が統治行為論により司法部としての直接的な判断を控え、慎重な対応をしたのと比べ、対照的な見解とも受け取られるおそれがある。要するに、安保条約を自己の国際法理論から積極的に評価できるという学者的な判断が、思わずそのまま出ているようにも感じられる。

③ 以上によれば、田中補足意見は、全体的には、最高裁大法廷事件の裁判長というよりも、世界的な法学者としての学問的な検討の帰結を述べたものと見るべきなのかもしれない。

また、近年の報道によれば、田中長官には、安保条約に対する自己の評価を踏まえ、安保条約の相手方である米国の駐日大使らに判決の事前情報を伝える等の行動があったとされている。これが真実であるとすれば、公正中立の立場を堅持する裁判官あるいは裁判長としては、想定し難いところであるが、田中長官は、その場面では、最高裁長官（ないし大法廷判決の裁判長）としてではなく、法学者としての自己の国際法理論が大法廷判決として結実したという高揚感から、自由な立場で行動したということなのであろうか。

いずれにしろ、砂川事件大法廷判決が憲法九条等を巡る戦争放棄、戦力の不保持、平和的生存権がからむ大きな政治的問題に対する司法部としての初めての処理方針を示し、後に紹介する苫米地事件大法廷判決と併せて、統治行為論を採用し、司法部としての姿勢を確立していったのであり、「司法部の立ち位置」の先例となったことは間違いのないところである。

Ⅵ　衆議院解散の効力と司法部による介入の是非

＊苫米地事件大法廷判決
（最大判昭和三五年六月八日・民集一四巻七号一二〇六頁）

一　苫米地事件の事案の概要等

1　抜き打ち解散の経緯（＊）

＊私は、抜き打ち解散の経緯等は、苫米地事件大法廷判決の背景事情として大きな意味があると考えるところ、この点は山田隆司『戦後史で読む憲法判例』（前出）一四九頁以下に分かりやすくまとめられているので、ここでは、この記述を大いに参考にさせていただいている。

(1)　日本国憲法の施行後間もない頃から、衆議院の解散について、憲法六九条が定める内閣不信任案が可決された場合に限られるのか、この場合以外でも可能か、可能な場合、その根拠をどこに求めるのか等について、いわゆる解散権論争が行われていた。当時の政治状況は、吉田茂・民主自由党総裁による第二次吉田内閣が発足していたが、民主自由党は少数与党となっている現状を変えるため、早い時期の衆議院解散・総選挙を望み、解散が六九条の場合に限定されない解釈を採ろうとし、他方、昭電疑獄事件によって民主党・日本社会党・国民協同党の三党連立による芦田内閣が総辞職して間もない野党側は、衆議院解散・総選挙を当面は回避する必要があると感じていたため、解散を六九条の場合に限定する解釈を主張していた。

当時のＧＨＱ民政局は、保守的な吉田内閣に対する警戒感等から、野党側の解釈を支持していたが、民主的政治体制において、必要な場合に主権者である国民の意思を総選挙により問うことが望ましいとする憲法学者らの見解もあり、結局、ＧＨＱの妥協案によって、昭和二三年（一九四八年）一二月二三日、六九条解散の形だけを与野党で残すことが合意され、内閣不信任案の提出・可決・衆議院解散という流れで、いわゆる「馴れ合い解散」が行われた。結果は、与党が大勝し、第三次吉田内閣が成立した。

⑵　その後、昭和二七年（一九五二年）四月二八日、我が国は、サンフランシスコ平和条約が発効して独立を回復した。野党側は、この機を捉え、国民の総意を問うべきであるとし、この与党が圧倒的多数の状況を打破するために、少数野党では内閣不信任案の可決は望めないことから、衆議院の解散についての従前の憲法六九条限定説を捨て、六九条の場合以外でも解散は可能とする見解を採用す

るに至った。

他方、与党は、現在の体制を維持し続けるため、解散を避ける必要があり、そのため、今度は逆に、六九条限定説を採用し、ここで、衆議院解散の根拠についての憲法解釈が与野党で従前とは完全に逆転するという状況が生まれた。

(3)　当時の吉田茂内閣の下では、前年八月に公職追放が解けて政界に復帰していた鳩山一郎等の反吉田勢力の造反運動が高まりを見せ、与党の自由党内での対立が大きくなってきているという動きが生じていた。

このような政治情勢の下で、吉田内閣は、鳩山派の選挙準備が整わない時期を狙って、第一四回国会召集から二日後の昭和二七年八月二八日に、緊急の閣議において突然に衆議院の解散を決定するという、いわゆる「抜き打ち解散」を断行した。これは、当時の与野党、GHQ、憲法学説等の間で、衆議院の解散権について、前記のような見解が錯綜し、与野党間では、政治的な思惑から見解を適宜都合の良い説に変更するなど、大きな政治的イシューとなっていたところ、吉田首相は、専ら、与党内での局面展開を図るため、内閣不信任案の可決を前提としない憲法七条による解散を認める説を採用したものである。この抜き打ち解散の詔書では、「日本国憲法第七条により、衆議院を解散する」という文言が用いられ、これが、我が国憲法における「七条解散」の先例となった。

(4)　この七条解散によって、当時の野党所属の衆議院議員の苫米地義三は、国会議員の地位を失ったことから、その第一次訴訟として、七条解散が憲法に反するとし、その無効確認を求める訴えを直接最高裁に提起した。最高裁は、約半年後、抽象的違憲審査権を行使する権能はなく、具体的な争訟を前提としない確認訴訟は不適法であるとしてこれを却下した。

２　苫米地訴訟の提起

⑴　苫米地前議員の第二次訴訟は、第一次訴訟の約二週間後に提起されたが、国を相手取り、七条解散は違憲無効であるとして、衆議院議員たる資格の確認と、任期満了までの議員歳費の支払いを求める訴えを東京地裁に起こし、いわゆる苫米地訴訟として係属した。

⑵　東京地裁は、本件解散につき、解散詔書案等に閣僚一三名中四、五名の賛成署名がされただけで、適法な閣議決定とはいえず、内閣の助言があったとはいえないので、解散は違憲無効であるとし、基本的に原告の請求を認容した。しかし、控訴審である東京高裁は、証拠等によれば適法な内閣の助言と承認があったと認められるとし、一審判決にはこの点の事実誤認があるとしてこれを取り消し、原告の請求を棄却したところ、更に原告から上告がされた。

３　苫米地事件大法廷判決の概要

最高裁大法廷判決の多数意見（一〇名）は、砂川事件大法廷判決から約半年後の昭和三五年六月八日に、衆議院の解散の効力に関わる七条解散の合憲性については、いわゆる統治行為論を採用し、衆議院の解散が可能であるかどうかの憲法判断をすることなく、本件解散が憲法上無効であることを前提とする原告の請求は排斥を免れないとして、上告を棄却した。なお、四名の裁判官（小谷勝重、河村大助、奥野健一及び石坂修一）は、七条解散の合憲性については、すべてを統治行為論により処理するのではなく、司法審査が及ぶとして、その可否について積極（合憲）の判断をすべきであるとする「意見」を述べているが、これは、高度の政治性を有する国家行為についての司法審査の在り方について、砂川事件大法廷判決での「意見」と同様の説示をするものである。

二　多数意見の統治行為論とその評価

1　多数意見の概要

多数意見は、七条解散の合憲性・法的効力について、次のとおり、いわゆる統治行為論を採用し、裁判所としては、七条解散を憲法上違憲・無効なものとすることはできないとした。

①　現実に行われた衆議院の解散が、その依拠する憲法の条章について適用を誤ったが故に、法律上無効かどうか、また、これを行うにつき憲法上必要とされる内閣の助言と承認に瑕疵があったが故に無効であるのかどうか、というような事項については、裁判所の審査には服しないと解すべきであ

る。

②　我が憲法の三権分立の制度の下においても、司法権の行使についておのずからある限度の制約は免れないのであって、あらゆる国家行為が無制限に司法審査の対象となるものと即断すべきではない。直接国家統治の基本に関する高度に政治性のある国家行為のごときはたとえそれが法律上の争訟となり、これに対する有効無効の判断が法律上可能である場合であっても、かかる国家行為は裁判所の審査権の外にあり、その判断は、主権者たる国民に対して政治的責任を負うところの政府、国会等の政治部門の判断に委され、最終的には国民の政治判断に委ねられているものと解すべきである。この司法権に対する制約は、結局、三権分立の原理に由来し、当該国家行為の高度の政治性、裁判所の司法機関としての性格、裁判に必然的に随伴する手続上の制約等にかんがみ、特定の明文による規定はないが、司法権の憲法上の本質に内在する制約と解すべきものである。

③　衆議院の解散は、多くは内閣がその重要な政策、ひいては自己の存続に関して国民の総意を問わんとする場合に行われるものでその政治上の意義は重大である。すなわち衆議院の解散は、極めて政治性の高い国家統治の基本に関する行為であって、かくのごとき行為について、その法律上の有効無効を審査することは司法裁判所の権限の外にあると解すべきことは既に②で説示するところにより明らかである。

④　そして、この理は、本件のごとく、当該衆議院の解散が訴訟の前提問題として主張されている

場合においても同様であって、ひとしく裁判所の審査権の外にある。

⑤ 政府の見解は、憲法七条によって、すなわち、憲法六九条に該当する場合でなくとも、憲法上有効に衆議院の解散を行い得るとしており、かつ、内閣の助言と承認により適法に行われたものとしているところ、裁判所としては、この政府見解を否定して本件解散を憲法上無効なものとすることはできない。

2 多数意見と砂川事件大法廷判決とが採用した統治行為論の異同について

(1) このように、多数意見は、「統治行為」という講学上の用語は用いてはいないが、直接国家統治の基本に関わる高度に政治性のある国家行為の合憲性、合法性については、政治部門に委ねるべきテーマであって司法的判断の領域でないと憲法が想定しているものというべきであるとして、司法判断を控えるとしている。

(2) 砂川事件大法廷判決においては、我が国の存立の基礎に極めて重大な関係を持つ高度の政治性を有するものについては、司法裁判所の審査には、原則としてなじまないとしているが、これとの考え方の異同が一応問題となる。砂川判決も、このようなテーマは、内閣及び国会の高度に政治的ないし自由裁量的判断と表裏一体をなすものである点を強調しており、これも、三権分立の原則がこの考え方の基礎にあることは間違いなく、同じ方向での考え方であるというべきであろう。

(3)　ところで、統治行為論の採用に当たり、砂川事件大法廷判決は、「一見極めて明白に違憲無効であると認められない限り」という留保を付けているが、苫米地事件大法廷判決にはこのような留保がないことから、その異同を問題にする見解がある。

そこで検討すると、砂川事件大法廷判決は、「直接国家統治の基本に関する高度に政治性のある国家行為」も、司法審査が可能である限り、審査の対象になるのか、あるいは米国において連邦最高裁が判例法理として確立してきた「政治問題」の理論のように、司法審査の対象外なのかという、我が国の司法権の本質に係る大問題について初めて判断を示したものである。そうすると、そこで留保を付した点については、

(i)　今後の展開もあり得ないではないので、慎重を期して、どのような事態が展開するか見通せず、具体的な事態を想定したわけではないが、想定外の事態にも柔軟に対応できるように、念のためこのような留保を付したという見方もあり得ないではない。

あるいは、

(ii)　「一見極めて明白に違憲無効であると認められる」事態であれば、政治部門の判断に委ねるべきではなく（このような事態は政治的裁量判断としても許されないことは当然であろう。）、司法による審査に限らず、当然に違憲無効とされるべきである。そうすると、この場合に司法審査を及ぼしても、立法府や行政府の権限との抑制均衡を要請する憲法上の三権分立の原則を損なうものではないので、そ

のような場合をも想定し、司法審査が可能となるための「留保」である。
とする見方があろう。

(4)　ところで、憲法判例に限らず、判例法理は、具体的な事実関係を踏まえたものがほとんどであり、通常、当該事件を処理するために必要な範囲で示されるものである（前記第一部Ⅱ「最高裁憲法判例における合憲性審査基準の呈示の仕方と裁判官の思考方法」の項参照）。そうすると、それが一般論を展開する場合であっても、実務的には、将来の展開により、あるいは、事案の多様性等から事実関係が異なってくることにより、判例の射程が及ばなくなる。それにもかかわらず、一般論的な判示が将来に亘って一人歩きし、事案の相違があっても例外を認めず判例法理がそのまま適用されると誤解して硬直した処理がされるおそれがある。そこで、そのような事態を避けるために、裁判所は、一般的な判例法理の呈示には基本的に慎重な姿勢をとっており、呈示する場合でも、「特段の事情がない限り」、あるいは、「明白に○○の場合であれば格別」等の留保を付けることが多い。これは、正に前記(3)(i)の場合である。このことは、裁判官としては、一般的な判例法理を呈示する際に常に考慮しており、慎重な対応としてこのような留保を付けることは珍しくない（＊）。

もっとも、この趣旨の留保は、それが付されなくとも、例外的な場合、あるいは判断の基となる事案が異なる場合、特別な事情がある場合等には、一般法理がその射程の範囲外となるのは、性質上、当然のことである。

したがって、裁判官としては、わざわざ留保を付したかどうかで、法理の内容・範囲が異なるというシンプルな感覚は有していないのである。

＊　そうすると、判例が、一般法理であって、いわゆる事例判例の形で示されたものではなくとも、それが当該事案を念頭に置いて形成されたものについては、重要な事実関係が異なる事案であるときは、その判例法理の射程外となるので、この場合は、判例変更をする必要もなく（裁判所法一〇条三号参照）、従前の事案と異なるとして対応することになり、その処理例は多い。

なお、判例法理の射程の範囲等の点については、私の著書『違憲審査――その焦点の定め方』六一頁以下を参照されたい。

(5)　ところで、砂川事件大法廷判決（多数意見）が付したこの留保については、例えば「特段の事情がない限り」といったように、一般的な判例法理を呈示する際に、その射程が一人歩きしないように(i)の観点から付されたものとは異なり、司法審査の対象になる場合があり得ることを前提にして、（多少一般論的な表現とはなっているが）どのような場合がその対象となるのかを示したものであり、前記の(ii)の趣旨で留保を付したものというべきであろう（もっとも、判例法理が一人歩きしないようにその射程を制限するという趣旨では、(i)と同様である。）。

すなわち、国家行為の履行等の手続が憲法に明文で法定されているような場合に、その形式的な手続が存在しているかどうかという判断については、その存否が客観的に明白で、そこに政治的な判断や裁量を認める余地がないため、司法部がその存否を審査の対象として違憲かどうかの認定判断をしても、政治部門の裁量を害するおそれがなく、当然に司法審査の対象として良いはずのものである。

砂川事件大法廷判決の事案では、前記のように、まず、安保条約が適式に締結され、衆参両議院の慎重な審議により国会で承認されたもので、形式・手続上は問題がないとした判示は、その趣旨によるものである。

次に、安保条約の内容については、それが一見極めて明白に平和主義に真っ向から背馳する定めとなっているような場合（例えば、我が国の武力の優位性を推し進め、隣接諸国を攻撃し植民地化するような条約内容であることが明らかな場合等）にも、同様に、政治部門の政治的裁量判断を尊重する余地がなく、司法審査を及ぼすことに三権分立の原則上の問題はないといえる。

砂川事件大法廷判決（多数意見）は、以上のような場合には司法審査の対象となり得ることから、そのような場合を想定して、このような留保を付し、その上で、前述のように、留保した事項についての司法審査を行っているのであって、(ii)の趣旨によるものである。このような場合には統治行為論により司法審査の対象外とする必要はないので、その意味では、当たり前ともいえる留保なのである。

(6)　ところで、苫米地事件大法廷判決の採用する統治行為論は、「一見極めて明白に違憲無効であると認められない限り」というような留保を付けていないことから、これが本来の統治行為論で、留保付きの砂川事件大法廷判決のそれは「例外付きの変型的統治行為論」であるとし、統治行為論の内容・範囲に差異があるとする見方がある。しかしながら、両方の事件の判決の言渡しは約半年の間隔しかなく、各裁判体の構成員となっている裁判官（一五名中一四名が同じである。）が異なる統治行為論を使い分けているとは考え難い。そうすると、留保条項が付加されているか否かで、判断基準、統治行為論が異なることになるのかについては、慎重な検討と説明が必要であろう。

砂川事件大法廷判決が示したこの留保の意味は、前述のとおり、このような留保の有無にかかわらず、司法審査の対象になり、あるいは対象にできる事項があるはずであり、その趣旨の留保を付けたものといえるのであって、当たり前のものともいえる。留保を付したことを捉えて、これを「例外付きの変型的統治行為論」として通常の統治行為論と異なるものと位置付ける見方は、表現にのみとらわれており、実務的感覚から乖離したものというべきであろう。この点は、裁判官の判例形成における思考が学者的発想と異なる点でもあり、詳細は後述する。

3　苫米地事件大法廷判決の統治行為論に留保を付さなかった理由

ところで、苫米地訴訟大法廷判決においては、このような留保が付けられていない。しかし、衆議院の解散権の根拠については、憲法六九条の場合に限られているのか、その場合に限らず七条三号の下で内閣が解散権を有するのかを巡っては、憲法解釈上の争いがあるところ、本件抜き打ち解散が合憲で法的に有効といえるのかは、正に、それ自体が直接国家統治の基本に関わる高度に政治性のある国家行為の効力の問題である。また、苫米地事件大法廷判決で原告から主張された、内閣の「助言と承認」に瑕疵があったか否かの点についても、閣議の在り方や、助言と承認が個別に必要かという点に関わる事項であり、憲法上明文の規定もなく、性質上、内部自律権の問題でもある（＊）。したがって、これらのいずれの問題も、政治部門の裁量に委ねられるべき問題であることから、司法審査の対象外とされたのである。その際、これらの問題となる行為において、「一見極めて明白に違憲無効である」とされるような場合があるのかという点については、砂川事件大法廷判決において安保条約に関して留保したような事態・事項は一般には想定し難いので、あえて留保を付さない統治行為論により対処したものである。仮に、想定外の「一見極めて明白に違憲無効」とされるべき事態が生じたときは、留保の有無にかかわらず、司法審査が行われることは、前記2(3)(i)の「特段の事情がない限り」等の留保の有無にかかわらず、判例法理の射程が及ばなくなることと同様である。

＊この点は、佐藤幸治『日本国憲法論』（成文堂、二〇一一年）四九七頁参照。

4　苫米地事件大法廷判決（多数意見）の処理に対する批判について

(1)　このような処理に対する批判としては、第一に、砂川事件大法廷判決と同じ統治行為論を採るのであれば、実際上想定される事態があるかどうかは別として、判例法理としては、「一見極めて明白に違憲無効であると認められない限り」という留保を常に付して、最高裁が採用する統治行為論の範囲を明らかにすべきであるというものがある。また、第二は、直接国家統治の基本に関わる高度に政治性のある国家行為の効力には司法審査は及ばないという判例法理は、表現があまりにも抽象的過ぎ、政治的に重要な国家行為はすべて違憲立法審査権の行使の対象外と誤解されるおそれがあり、もっと外縁が明確になる基準を呈示すべきであるというものである。

(2)　まず、第一の批判については、前述のとおり、裁判官は一般法理を呈示することには基本的に慎重であるが、それは、裁判官の思考方法、あるいは裁判の判例法理というものの性質に由来しているからである。この点は、本書の第一部Ⅱ「最高裁憲法判例における合憲性審査基準の呈示の仕方と裁判官の思考方法」(一一頁以下)、とりわけ「三　法理の全体像を示さずに厳格な基準による審査を行った例」(二二頁以下)で説明をしているが、憲法学者の方々との意見交換の際に、毎回問題とされるテーマなので、改めて、私が憲法理論研究会で行った講演内容を要約した「司法部の立ち位置と最高裁憲法判例の展開」(憲法理論研究会編『岐路に立つ立憲主義(憲法理論叢書㉖)』(敬文堂、二〇一八年))の七一頁以下の「二　合憲性審査基準の全体像を必ずしも明示しない理由」の項において行った説明の骨子をここで述べておきたい。

裁判所としては、まず、憲法判断の際に用いる合憲性の審査基準について、これを一般的にその全体像を定めて呈示することには慎重である。これは、前記のとおり、付随的審査制における対応という観点もあり、また、判例法理の全体像を展開することの問題点として、事案を前提とし、その時点の国民の価値観や社会状況等を踏まえて呈示した判例法理が一人歩きして将来的に柔軟な処理が難しくなり、従前の判例法理が妥当性を欠く事態になった場合、学説であれば速やかな説の変更が可能であるが、判例法理は、それに適する事件が係属するのを待たねばならず、そのためには長期間を要するということも考えられる等という理由からである。

次に、そもそも、裁判官の思考方法との関係でいえば、最初に判例法理を定め、次に、それに認定した事実を当てはめ、その上で、法的な結論を出すという三段論法的な思考方法は採っていない。そうではなく、裁判官の思考方法としては、次のようになる。

すなわち、法理がまずあるのではなく、最初に、具体的な事実を認定し、その事実の内容、性格等を吟味して、どのような法的判断をするのが妥当かをリーガルマインドで、いわば直感的に考えるのである。

これを本件でいえば、七条解散という国家行為ないしそれに関連する事実関係を認定して、その行為がどのような憲法的意味合いを有する行為なのかを吟味するが、そこでは、当該行為の合憲性・法的効力の有無は司法審査の対象にするのに適するものかどうか、どの範囲までであれば、司法審査の対象にできるものなのか等を、リーガルマインドで判断して結論的な見解を一応まとめる。その上で、そのような判断・結論を説得的に説明し得る法理・合憲性審査基準、理論、解釈等があるのか、十分に論理的な説明ができるのかを、迷いながら検証する。その上で、それが可能であれば、いよいよ判決文において、そのような判断、結論を決める。もっとも、説明の順序としては、合憲性審査基準や統治行為論の採否、その範囲や内容を呈示し、認定した事実関係をそれに当てはめ、当該事案に関する判断を示す形にするのである。

(3)　以上のような思考方法ないし思考順序は、砂川事件大法廷判決であっても、苫米地事件大法廷判決であっても変わらず、前者の砂川事件大法廷判決の多数意見においてのみ統治行為論に留保が付されたのは、最初に、このような留保付統治行為論（例外付きの変型的統治行為論といわれるもの）をアプリオリに呈示しようとしたわけではなく、当該事案が、例外的に司法審査の対象にできる場合が想定できたからであり、後者の苫米地事件大法廷判決の多数意見の統治行為論に留保がないのも、最初から、留保なしの本来の統治行為論を採用しようと決めたのではなく、単に、事案が司法審査の対象にできるような場合がその時点で想定できなかったからである。

そして、そもそも、統治行為論を採用するかどうかは、最初に決めるのではなく、事案の内容を踏まえ、司法審査が可能か、審査をすべきものなのかを当該事案の内容・性質を踏まえてまずリーガルマインドで検討するのである。その結果、前者は、安保条約締結の形式的手続、条約の内容等で司法審査が可能で審査すべき部分があり、その部分は司法審査することにし、また、我が国の指揮権、管理権が及ばない我が国に駐留する外国軍隊に我が国の平和的存立を守る役割を担わせることについては、政治的裁量判断であるというよりも、憲法九条二項の憲法解釈として、司法部が審査できる、あるいは、その部分を審査し積極的な解釈を示すべきであると判断し、これをすべて検討した後に、留保付きとなる統治行為論を判決文中に呈示していったのである。

後者は、衆議院の解散の合憲性、法的効力、解散の根拠が憲法六九条に限られるか否か、これらすべては、政治的な対立や混乱のあるテーマであると捉え、司法審査の対象にすべきではないと判断したため、『直接国家統治の基本に関する高度に政治性のある国家行為のごときはたとえそれが法律上の争訟となり、これに対する有効無効の判断が法律上可能である場合であっても、かかる国家行為は裁判所の審査権の外にあり……』という表現で、「統治行為論」というような講学上の概念も使用せずに（これも判断枠組みが硬直化しないための工夫である。この点は、私のいわゆる堀越事件判決〔最二小判平成二四年一二月七日・刑集六六巻一二号一三三七頁〕の補足意見において詳述しており、参照されたい。）、判決文を作り上げたものである。

(4) 第二の批判については、既に説明したように、司法部としては、アプリオリに合憲性審査基準を考えて呈示するのではない。具体的な審査の対象となる国家行為の内容等によって判断は変わり得るため、統治行為論の外縁が明確になるような、詳細で具体的ないし明解な基準（実際上、このような基準をどう表現するかは容易ではない。）を呈示して、自らの手を縛るのではなく、基本的には、判断の指針は示すが、具体的事案に適切に対応できる基準として、両判決は統治行為論を採用したものであって、判決文においては、前述したとおり、「統治行為論」という講学上の概念を使用しなかった。

三　四名の裁判官の「意見」とその評価

1　四名の裁判官の「意見」の概要

苫米地事件大法廷判決には、四名の裁判官の「意見」が付されている。そのうち、小谷勝重判事及び奥野健一判事は、砂川事件大法廷判決においても、基本的には多数意見の統治行為論ではなく、積極的な司法審査を行うべきことを主張しており、本件でも同様である。河村大助判事は、如何に高度の政治性を有する国家行為といえども、形式上司法審査の対象となり得る要件を備えるものである限りは、司法審査の対象になるとすべきであるというものであり、石坂修一判事の意見は、衆議院の解散が法律上無効であるかどうかは裁判所の審査に服さないが、内閣の助言と承認を経たかどうかについては審査権があるとするものである。

2　統治行為論を否定することの意味

ところで、これらのうち小谷、奥野両判事の意見及び河村判事の意見は、(i)憲法に反し当然に無効な解散によって、違法に議員たる身分を奪われ、歳費請求権を失わせしめられた者は、裁判所に救済を求めることが許されるべきであり、その場合、裁判所は、まず解散が憲法上適法なものであるかどうか、有効か無効かを判断しなければならないのは当然であるとして統治行為論は採らない態度を示し、その上で、(ii)憲法六九条では、衆議院の解散ができることを当然の前提としており、解散されなければ内閣が総辞職をしなければならないとしたことに重点がある規定であり、解散は、同条によってはじめて行い得ることを規定したものでないので、七条解散は合憲と判断すべきであるとした。また、天皇による衆議院の解散について、内閣の助言・承認の手続が履践されているかどうかという論点についても、手続的な瑕疵はない旨の司法判断を行うことは可能であるとして、結論として、統治行為論を採用せずに、積極的に解散が有効である旨の司法判断を示すべきであるとするものである。

この見解、特に前記(i)は、司法権の本質について、三権分立の原則との関係をどう考えるかの視点で考えるのではなく、高度に政治性のある国家行為であっても、司法部が私法上の権利利益の侵害に対する救済を図るのを使命としていることから、司法審査の対象となるという考え方を示したものである。

四　多数意見と意見とにおける司法部の立ち位置

1　四名の「意見」における司法部の立ち位置

(1)　四名の裁判官の意見は、結局、憲法七条三号による解散の合憲性の根拠を明示し、そのような解釈をすべき理由を詳細に説示して、解散を有効とするものである。

ところで、七条三号を根拠とする衆議院の解散が認められるかどうかについては、前記のとおり、様々な政治的な駆け引き等の下での解釈論の対立・変遷があり、また、七条解散を認めるとしても、それがどのような場合でも常に内閣の完全なフリーハンドで許されるのか等の問題も想定され、当時は未だ確立した憲法慣行もなく、いずれにしろ、政治部門において、流動的な要素が大きいテーマだったのである。

(2)　そうであれば、本件は、議員の歳費請求権を行使する内容の訴訟ではあるが、具体的な事案の特徴は、正に七条解散の合憲性・適否を憲法解釈として決着させるという政治的な目的・意図が根底にあるものであり（前記のとおり、第一次苫米地訴訟が提起されたのがこのことの端的な表れである。）、歳費請求権を肯定して私法的救済を図らなければ司法の存在意義が問われるようなものではない。この事件は、前記のとおり与野党間で政治的な思惑から見解が変転・錯綜し、大きな対立と混乱状態にあった七条解散の可否という大きな政治的なテーマ、あるいは、政治的な駆け引きの対象となったものが、正に政治的な思惑によって司法を利用した形で訴訟提起がされたものである。そして、司法部が合憲性の審査を行うことは、司法部自らが、国家統治の基本となる政治的に重要な対立のあるテーマ、政治的駆け引きの対象について、一方の見解を支持することにより決着させるために乗り出すことになるものであり、司法部としては、いわば火中の栗を拾うことにもなりかねない事件であった（＊）。

＊米国では、一八五七年、奴隷制度を巡る南北の対立という国論を二分する政治的対立のあるイシューを決着させるため、連邦最高裁が、積極的な憲法判断を示したが、これが火中の栗を拾う結果となり、南北戦争の引き金になったといわれる「ドレッド・スコット事件判決」がある。本件は、国論を二分する対立とまではいえないが、いずれにしろ、司法部が政治的対立に積極的に介入することになりかねず、火中の栗を拾ってでも可能な憲法解釈を行って争いを収めようとすることについて、司法部の立ち位置との関係から、どのように考えるべきかという問題を想起させるものである。

なお、ドレッド・スコット事件に関しては、私の『違憲審査――その焦点の定め方』一八二頁及びそこで引用している私ほか二名の前記「欧米諸国の憲法裁判制度について」二六頁以下及び三八〇頁以下等を参照されたい。

2　私の意見

憲法は衆議院議員の任期満了前の解散があり得ることを想定しており、これは、国家的な重要施策等の是非に対し主権者である国民の意思を問うべき状況が出現した場合、臨機に、選挙という方法でこれを可能とするものである。また、憲法六九条の規定ぶりからしても、内閣の不信任決議案が可決された場合、衆議院解散によりその時点での国民の意思を問う途があることを前提として、その途を選択しない場合について内閣総辞職となることを規定したものと解するのが素直であろう。その意味で、私個人としては、衆議院解散が六九条の場合に限定されたものと解するべきでないことは、憲法全体の構造、趣旨等から導き出すことができると考えてはいる。しかしながら、七条解散が無限定に行うことができるかについては、なお議論の余地が多そうであり（例えば、七条解散の結果が思うとおりにいかなかったというだけの理由で、再度直ちに解散することは許されないであろう。）、いずれにしろ、この問題は、政治部門が、冷静な検討を経て、健全な憲法慣行として造り上げていくべきものなのではなかろうか。

そうであれば、憲法解釈として、七条解散は合憲的・適法という判断が可能であり、それが正しい解釈であったとしても、このテーマは、政治部門の賢明な対応に委ねるべきであるとする考え方の方が望ましいように感じられる。

3　司法部の立ち位置の捉え方の相違

司法的判断が可能なテーマであっても、あるいは、違憲立法審査権の行使が可能な場合であっても、当該問題の憲法的解決を司法部が決着させるべきであるのか、政治部門の努力と調整に委ねるべきであるのかが、多数意見と意見との統治行為論の採否において異なる結果となった分岐点であるが、両者の採る「司法部の立ち位置」の捉え方は、大きく異なるものであることは間違いない。

Ⅶ　今日の社会における平等原則の重みと変遷する国民意識の把握

――従前の審査基準の限界と修正は？

＊嫡出でない子法定相続分違憲大法廷決定
（最大決平成二五年九月四日・民集六七巻六号一三二〇頁）
＊再婚禁止期間規定違憲大法廷判決
（最大判平成二七年一二月一六日・民集六九巻八号二四二七頁）

一　問題の所在

⑴　嫡出でない子法定相続分違憲大法廷決定と再婚禁止期間規定違憲大法廷判決は、それぞれ嫡出でない子及び再婚する女性に関し、民法上の規定が一定の区別を生じさせている点について、憲法上の平等原則違反になるかどうかが争われた事件についてのものであり、私は、いずれの事件も裁判体の構成員となっている。

嫡出でない子法定相続分違憲大法廷決定は、嫡出でない子の法定相続分が嫡出子のそれの二分の一とされている点について、また、再婚禁止期間規定違憲大法廷判決は、民法が女性についてのみいわゆる再婚禁止期間（六か月）を定めている点について、違憲審査が行われた。最高裁大法廷は、これら民法上の区別について、かつては、合理的な理由があり平等原則違反とはいえないとしてきたが、変遷する国民意識等を踏まえ、今日においてはその全部ないし一部が不合理な差別であるとして違憲の判断を下したのである。

(2) このように、従前の最高裁大法廷の判断が変更された最大の要因は、当該区別を巡る国民の意識・価値観の変遷にあると解されているが、そうであれば、まず、(i)当該区別についての国民の意識はかつてはどうであったのか、それがどう変遷したのか等について、どのような事情に着目して認定・判断したのかが問題となり、次に、(ii)当該区別を巡っては、それらを支えるそれぞれの国民の意識や価値観が存在するところ、そのような対立し錯綜する意識等の中で、最高裁大法廷はどのように考えて一方の価値観等に軍配を上げたのか、その判断の正当性を支える要因は何かが問われることになろう。

ここでは、二件の大法廷の違憲の判断を示す決定文・判決文を吟味しながら、これらの点を探っていくこととしたい（＊）。

＊なお、私の著書『違憲審査――その焦点の定め方』の「Ⅳ　今日における平等原則の意味と司法部の立ち位置」八七頁以降において、前記の二つの大法廷決定・判決を取り上げ、それらの判断が示す合憲性審査基準の考え方を紹介している。ここでは、更に、二つの大法廷が採用したそれぞれの合憲性審査基準の意味・価値を考える際に、国民の意識・価値観の変遷、多様化が合憲性審査基準に影響を及ぼす場合、司法部の立ち位置を踏まえ、このような意識等の変遷をどのようにして捉え、合憲性審査の考慮要素としていくのかという観点から検討を加えるものである。

二　嫡出でない子の法定相続分の区別に関する大法廷決定

1　大法廷決定が採用した合憲性審査基準等

(1)　事案の概要・争点と平等原則に関する従前の合憲性審査基準

①　本件は、平成一三年七月に死亡した被相続人Aの遺産分割の審判に係る特別抗告事件であるが、当時、民法九〇〇条四号ただし書前段は、嫡出でない子の法定相続分を嫡出子の相続分の二分の一と規定していたため、これが憲法一四条一項に違反するか否かが争われたものである。

従前、最高裁は、憲法一四条の平等原則違反となるか否かについての合憲性の審査基準としては、それが事柄の性質に応じた合理的な根拠に基づくものといえるか否かを基本的なものとして判断すべきであるとしていたが（尊属殺重罰規定違憲大法廷判決・最大判昭和四八年四月四日・刑集二七巻三号二六五頁等）、この判断は、性質上、様々な関連要素の総合考慮によりされるものであり、判断が恣意的にならないように、より具体的な判断指標が必要とされるところであった。そこで、この指標ないし判断の具体的な枠組みとして、(i)当該規定の立法目的に正当性・合理性があるか、及び(ii)当該規定の立法目的との間に、目的実現の手段として合理的関連性があるかどうか、を検討していくという、いわゆる「合理的関連性のテスト」を用いて処理すべきものとしていた（国籍法違憲訴訟大法廷判決・最大判平成二〇年六月四日・民集六二巻六号一三六七頁等）。

② ところで、今日、国会の立法作用は広範囲に及び、立法目的も立法内容も、種々の錯綜する利害関係の中で様々な観点から調整する必要が生ずることが多く、創設される法制度は、格差、不平等、区別等が多かれ少なかれ生じることとなり、それを是正しようとする対応が別の新たな格差等を生じさせる状況も見られる。そのため、平等原則をどこまで徹底して求めるべきか、それが果たして可能なのかは今日的な課題となっている。

合理的関連性のテストについては、国会の立法作用には広い裁量を承認せざるを得ないため、立法目的が不合理であるとか、手段に合理的関連性がないとされる場合は、実際上はさほど多くはない。そのため、手段としての立法内容（立法により生ずる区別の意味等）を改めて規範的に見る視点がない場合、すなわち、区別の内容自体の憲法理念上の評価を十分考慮する視点がない場合には、合理的な関連性のテストは、それのみでは厳格な合憲性の審査基準とは言い難いものとなろう。そうすると、今日の社会において、平等原則の有する意味が深刻になる場面が増える傾向にあり、区別の結果が深刻な基本的人権の侵害を生じさせることになる場合も想起されるため、合理的関連性のテストをパスするだけで区別に合理性があるとして合憲性を肯定してよいかは、事案毎、テーマ毎に今後十分に吟味していく必要があろう（この点につき、前記『違憲審査――その焦点の定め方』九八頁以下参照。なお、学説では、憲法一四条一項違反の有無の判定においても、基本的人権を規制する法令の合憲性審査基準である「厳格な基準」、「厳格な合理性の基準」及び「合理性の基準」を用いるべきであるとする考えが示されていたが、従前から、最高裁は、合理的関連性のテストを採用し、その適用場面で、立法目的の正当性や手段の合理的関連性を、テーマに応じて厳格に解することで対応してきたといえよう。例えば、前記の国籍法違憲訴訟大法廷判決等）。

③　本件のような嫡出でない子の法定相続分の区別については、最高裁は、平成七年七月五日の大法廷決定（民集四九巻七号一七八九頁）において、本件規定の立法目的・理由は、法律上の配偶者との間に生まれた嫡出子の立場の尊重であり合理的なものであり、そのほか、嫡出でない子については、法律婚の尊重という観点から、相続権を認めないという考えもあるところ、そのような考え方ではなく、相続分を零ではなく嫡出子の二分の一を認める配慮をしたものであって、この点でも立法目的に合理的な面があることを認めた。その上で、このような立法目的・理由を踏まえ、嫡出でない子につ

いても、嫡出子の法定相続分の二分の一を認めたことは合理的関連性を有するとし、全体として合憲の判断を導いていた。

(2) 嫡出でない子法定相続分違憲大法廷決定が採用した判断の枠組みの特徴

① ところで、本件規定の立法目的・理由は、立法の際に検討され決められたものであるが、それを踏まえると、平成七年大法廷決定によって認定された法律婚の尊重・嫡出子の保護と嫡出でない子の保護という本件規定の目的・理由自体は、正当で合理性を有することになろう。そして、この認定判断を前提にする限り、その目的を達するための手段である本件規定内容が合理的関連性を有するという結論は、論理的に繋がるもので、容易に導き出されることとなる。

② しかしながら、社会的な区別を生じさせている法令の違憲審査においては、当該法令が制定された時代の状況や国民の意識・価値観が基になっており、それが時を経て、国民の意識等が変遷し、当該区別に対する意識や評価が大きく異なってくることがある。

本件では、民法の嫡出でない子の法定相続分を嫡出子のそれの二分の一と区別する規定が違憲審査の対象になっており、その合理性に関連する諸事情をどう捉えるか、そのうち特に重視すべき事情は何か、それについての国民の意識や価値観がどのような変遷を遂げているのかいないのかを探る必要がある。具体的には、区別を肯定する要素として、法律婚の保護を重視すべしという国民の意識があり、また、法定相続分を嫡出子のそれの半分とされた嫡出でない子の「個人としての尊厳」等についての国民の意識等がどの程度のものであるのか、その変遷をどう捉えるのかが重要となるはずである。この点については、合理的関連性のテストという判断指標においては、通常は厳格に検討すべき場面がないのである。

③　そこで、改めて考えると、相続に関する法制度は、その点に関する我が国の歴史や伝統、法律婚について形成されてきた国民の意識等を踏まえたものとして、立法府における広い立法裁量が認められる領域であり、そこでは様々な区別が（例えば、相続人の範囲や相続人間の法定相続分等の区別があり、それらが合理的なものかどうかは別として）、制度を設計する過程で、ある程度不可避に生ずるところのものである。そうすると、それぞれの区別に合理性があるかどうかは、理論的形式的な意味合いの強い合理的関連性のテストを判断指標として判断することで通常は足りるはずである（この点は、再婚禁止期間規定違憲大法廷判決における私の補足意見中の「１　再婚禁止期間を定める本件規定の合憲性審査についての考え方」を参照されたい。）。

④　かつて、平成七年の大法廷決定（多数意見）は、これにより合憲の判断を下した。しかし、本大法廷決定は、この判断指標では検討し得ない重要な要素があると考え、合理的関連性のテストという具体的な判断指標を用いずに（このテストに関する言及は全くされていない。）、「本件区別が合理的根拠を有しているといえるか」という基本となる合憲性審査基準を直接用いて判断することとしたのである。

この点の説明は、以下のとおり、本大法廷決定の法廷意見からの引用によることとしたい。

『相続制度は、被相続人の財産を誰に、どのように承継させるかを定めるものであるが、相続制度を定めるに当たっては、それぞれの国の伝統、社会事情、国民感情なども考慮されなければならない。さらに、現在の相続制度は、家族というものをどのように考えるかということと密接に関係しているのであって、その国における婚姻ないし親子関係に対する規律、国民の意識等を離れてこれを定めることはできない。これらを総合的に考慮した上で、相続制度をどのように定めるかは、立法府の合理的な裁量判断に委ねられているものというべきである。この事件で問われているのは、このようにして定められた相続制度全体のうち、本件規定により嫡出子と嫡出でない子との間で生ずる法定相続分に関する区別が、合理的理由のない差別的取扱いに当たるか否かということであり、立法府に与えられた上記のような裁量権を考慮しても、そのような区別をすることに合理的な根拠が認められない場合には、当該区別は、憲法一四条一項に違反するものと解するのが相当である。』

(3) 本大法廷決定が考慮した区別の合理性に関連する要素等

① この点については、次のとおりである。

本大法廷決定は、まず、嫡出でない子の法定相続分を嫡出子のそれの半分と定めた本件規定（昭和二二年民法改正による）が設けられた背景について、相続財産は嫡出の子孫に承継させたいという気風や法律婚を正当な婚姻とし、これを尊重し保護する反面、法律婚以外の男女関係、あるいはその中で生まれた子に対する差別的な国民の意識が作用しており、また、嫡出でない子には相続分を認めないなど嫡出子と嫡出でない子の相続分に差異を認めていた諸外国の立法例があったことを挙げている。

その上で本件区別の合理性を損なう要素として、次の点を指摘している。

(i) 昭和二二年民法改正後の我が国の社会、経済状況の変動により、婚姻や家族の実態が変化し、その在り方に対する国民の意識に変化が見られるようになった。すなわち、職業生活を支える最小単位として、夫婦と一定年齢までの子供を中心とする形態の家族が増加し、高齢化の進展に伴い生存配偶者の生活の保障の必要性が高まり、子孫の生活手段としての意義が大きかった相続財産の持つ意味に大きな変化が生じた。さらに、嫡出でない子の出生数はその後増加傾向が続き、平成期に入ると、晩婚化、非婚化、少子化が進み、離婚件数や再婚件数も増加した。このように婚姻、家族の形態が著しく多様化し、これに伴い、その在り方に対する国民の意識の多様化が大きく進んだ。

(ii) 欧米諸国の相続制度の立法例では、かつては宗教上の理由で嫡出でない子に対する差別意識が強く、嫡出でない子の相続分を制限する傾向があったが、一九六〇年代後半以降、子の権利の保護の観点から嫡出子と嫡出でない子との平等化が進み、相続に関する差別を廃止する立法がされ、平成七年最高裁大法廷決定時点でこの差別が残されていた主要国のうち、ドイツやフランスでも、この差別が撤廃され、現在では、子の差別を設けている国は、欧米諸国にはなく、世界的にも限られている状況にある。

(iii) さらに、我が国が批准した「市民的及び政治的権利に関する国際規約」（昭和五四年条約第七号）や「児童の権利に関する条約」（平成六年条約第二号）にも、児童が出生によっていかなる差別も受けない旨の規定が設けられており、また、国際連合の関連組織である自由権規約委員会等がこれらの条約の履行状況等について具体的な指摘や勧告等を我が国に行ってきている。

(iv) 我が国においても、住民票の記載について、世帯主の子は、嫡出子か嫡出でない子かを区別することなく、一律に「子」と記載することとする等、嫡出子と嫡出でない子の区別をなくす方向での各種の取扱いが制度化されてきている。

(v) 加えて、これまでの最高裁判例において度重なるこの区別に関する平等原則上の問題の指摘がされていたこと等の事情もある。

② 本大法廷決定は、本件規定の合理性に関連するこれらの事柄の変遷等は、その中のいずれか一つを捉えて、本件区別を不合理とすべき決定的な理由とし得るものではないが、これらの諸要素を総合的に考察すれば、家族という共同体の中における個人の尊重がより明確に認識されてくるようになってきたことは明らかであるとした上、法律婚という制度の下で父母が婚姻関係になかったという、子にとっては自ら選択ないし修正する余地のない事柄を理由にその子に不利益をもたらすことは許されず、子を個人として尊重し、その権利を保障すべきであるという考え方が確立されてきているとした。その上で、本件事案において、相続が開始した平成一三年七月当時においては、区別の合理性は

失われており、本件規定は憲法一四条に違反していると判断したのである。

２　嫡出でない子法定相続分違憲大法廷決定の合憲性審査基準と私の所感

⑴　本件区別の合理性に関する諸要素の総合考慮により違憲の判断を行った点について気になる点

①　この大法廷決定（法廷意見）は、本件区別の合理性を否定する方向での様々な事情を網羅的に取り上げ、どれが決定的かはいえないが、それを総合考慮した上で、そこから家族という共同体の中における個人の尊厳が国民の中でより明確に認識されてきている点を挙げ、法律婚制度の下で父母が婚姻関係になかったという、子にとって自ら選択ないし修正する余地のない事柄を理由としてその子に不利益を及ぼすことには合理的な根拠は失われたとし、違憲の結論を導き出している。この判断は、前述のとおり、本件が合理的関連性のテストを具体的な判断指標として使うのに相応しい事案ではないとして採用せず、制度の合理性に関する諸要素の総合考慮という直接的な合憲性の審査方法を用いたものであり、私も、その審査方法及び違憲の結論に賛成したのである。

②　しかし、嫡出でない子の個人としての尊厳を毀損する方向での諸事情は色々あり、それを網羅的に取り上げていけば個人の尊厳を毀損することになる点は、そのとおりであるが、これだけでは、個人の尊厳を損なう区別に繋がるような何らかの事情が複数あればそれだけで平等原則違反となってしまうことになりかねない。本大法廷決定がこのような合憲性の審査方法を採ったのは、なぜであろ

うか？

この点は、法廷意見が触れているとおり、嫡出子と嫡出でない子の法定相続分を平等なものとする民法の改正がかなり早くから意識され、近年、民法の改正法案の準備までされてきた経緯があり、しかしながら、いずれも最終的に国会提出に至らないまま終わっている状況が続いていた。これを踏まえ、法改正に向けて国会を後押しするため、今や世界的な潮流となっている「個人の尊厳」をシンプルに強調し、それと齟齬している現状を変えるための理念をストレートに呈示するのがよいとする最高裁大法廷の意図、真意があったようにも考えられる（これは、司法部の立ち位置③〔本書の「はしがき」ⅱ頁参照〕の場面である。）。

③　しかしながら、このような合憲性審査方法を一般化すれば、前記のとおり、今日の社会では、様々な錯綜する法制度が制定され、そこでは種々の区別が不可避的に生じ、それが個人の尊厳に関係してくればすべて違憲という判断になりかねず、法制度の創設が容易ではない事態になる場合も想定されるところが気になるところである。本件のテーマは、法律婚制度における本件区別に対する国民の意識・その変遷の評価ではあるが、他方、依然として法律婚を尊重・保護しようとする国民の意識の存在があり、後者の意識の存在が我が国の相続法制において生ずる何らかの不利益をどう評価させることになるのか、両者がどのような関係になるのか、なぜ家族という共同体の中での区別、法定相続分における不利益の存在が違憲とされるほど個人の尊厳を損なうことになってくるのかという点に

ついて、もう少し説示を加えるべきではなかったかと反省しているところである。

④　私は、当時、この点について補足意見とするためにメモを作成している（しかし、結局、この点についは補足意見を付けないことで終えているが。）。また、後述のとおり、その後、再婚禁止期間規定違憲大法廷判決の私の補足意見において、テーマによっては合理的関連性のテストではまかなえない場合もあり、そこでは、別途、合憲性審査のための判断の指標等を付加的に採用するべきではないかとする見解を述べている。これらを参考にしながら、遅ればせながら、この問題についての現時点での私の考えを述べておきたい。

(2) 立法目的とその達成手段との間における合理的な比例関係の存在について

①　法律婚を尊重し保護しようとする観念は、今日の我が国社会においてなお強固なものがあると思われ、その観念を基に、嫡出でない子の相続分を嫡出子の相続分の二分の一とする本件規定について、本大法廷決定当時、必ずしも否定的見解ないし嫌悪感が支配していたとまではいえない。この点は、本件でも書証として提出されていたが、平成二四年一二月に内閣府が行った「家族の法制に関する世論調査」におけるアンケート結果（集計表二四（Q一五）嫡出でない子の相続分）によれば、嫡出でない子の法定相続分を嫡出子と同じにすべきであるとする考えを持つ人の割合は、二五・八パーセントに止まり、他方、本件規定の区別を是認するという意見、すなわち、この制度を変えない方がよいとする意見が三五・六パーセントとなっており、いまだ相対的に多数であった。このような状況にお

いてもなお、法廷意見が、総合的な考察の結果、本件規定による差別の合理的根拠が失われたとする判断を行った理由は、嫡出でない子の個人としての尊厳を守るべきであるとする考えが確立されてきたことであるが、それは結局、自ら選択する余地のない出生を理由に区別されることは、個人としての尊厳を大きく毀損する重大な問題であるということが認識されてきた結果にほかならない。

② 平成七年大法廷決定は、本件規定による区別の合理的関連性を、法律婚の尊重・保護という視点からみて判断したものであるが、区別の合理性は、区別する理由もさることながら区別される者の視点、本件では、すなわち嫡出でない子の視点からの検討こそが重要であろう。

本件規定は、嫡出でない子の法定相続分が遺言による相続分の指定等がない場合等において補充的に機能するものであったとしても、婚姻、親子、相続等を規律する基本法であり、社会の在り方を規律する民法の中に置かれているため、我が国の社会的身分秩序の枢要な一部を構成するものとなっているのである。その結果、嫡出でない子の法定相続分に不利な差を設けることは、それ自体、嫡出でない子について、存在そのものを劣位のものと位置付けたり、人格ないし存在を非難・中傷したりすることを直接の目的にするものではないとしても、結果的に、嫡出子との対比により、嫡出でない子に対する社会的な差別の観念を広く生じさせる一因となるものである。また、嫡出でない子自身の立場から見れば、出生という自己がどうすることもできない理由で国民一般の差別感情の対象とされることになり、その点で、自己の個人としての尊厳を傷付けられていると感じさせられるところとなる。

これらの点は、法廷意見でも指摘されている。

そして、国際人権規約である「経済的、社会的及び文化的権利に関する国際規約」（昭和五四年条約第六号、A規約）及び「市民的及び政治的権利に関する国際規約」（昭和五四年条約第七号、B規約）並びに「児童の権利に関する条約」（平成六年条約第二号）の各前文においてはもとより、我が国の憲法においても、すべての国民は個人として尊重されるとして（一三条）、個人の尊厳を基本原理として宣明しているのであるから、本件規定が嫡出でない子に対する差別の観念を生じさせている点については、この原理に背馳するものとして、その許容性については厳格な検討が必要とされるところである。

③　ところで、個人の尊厳の尊重は、各国の個別の事情によって左右されるべきものではなく、普遍的な原理であるから、出生を理由とする差別が個人の尊厳の毀損となるかについてどのように評価するかの問題については、次の事例が参考になり得るところである。

フランスにおいては、二〇〇一年一二月三日、「生存配偶者及び姦生子の権利並びに相続法の諸規定の現代化に関する法律」により、子の間に残存していた姦生子（後述の特定自然子）と他の嫡出子、単純自然子との間における差別をも撤廃し、子の間の平等原則を徹底させる規定を置いた。これは、従前、旧相続法において、子の間の平等原則が存在していたが、その例外として、法律上の婚姻を基礎とする家族（legitimate family）を保護するために、その懐胎の時に父又は母が他の者と婚姻関係にあった自然子（adulterine children）（以下、「特定自然子」という用語を用いる。）に対する不利益扱いを認めていたところ、この扱いについて、二〇〇〇年二月一日、欧州人権裁判所（ＥＣＨＲ）が、法律婚に基づく家族の保護という立法目的自体は正当であるとしながら、欧州人権条約一四条（そこでは、「この条約に定める権利及び自由の享有は、……出生又は他のいかなる理由による差別なしに保障される」と規定している。）とこれと組み合わされた財産権の保障に関する同条約第一議定書一条違反を根拠に、用いられた手段がこの目的との間に「合理的な比例関係（reasonable relationship of proportionality）」を欠くとした判決（原告の名を取って「マズレク（Mazurek）判決」と呼ばれる。）を言い渡したため、これに従って立法的対応をしたものである。マズレク判決については、その事案が、親の婚姻により準正となった自然子と特定自然子との取扱いの差異が問題になったものである点等から、その射程にも色々な見方があり、フランス社会における家族や平等に関する意識の変化、他の条約加盟国における特定自然子の相続差別廃止の傾向等を背景事情として指摘する者もいるが（以上は、幡野弘樹「フランス相続法改正紹介（一）（二・完）」民商法雑誌一二九巻一号・二号（二〇〇三年）参照。）、立法目的を正当としながらも、嫡出でない子の法定相続分の区別については、合理的な比例関係がないとしている点が注目される。

これは、合憲性の判断枠組みないし判断の指標を示したものであるが、出生を理由とする差別的取扱いの評価において、それにより得られるものと損なわれるものとを見比べながら（いわば比較衡量して）、特定自然子の被る不利益を重視した判断をしたものと理解できる。そして、マズレク判決が示した合理的な比例関係を否定する判断は、フランスないし他の欧州人権条約加盟国の特殊性、個別性は問題にされておらず、むしろ、その判決理由において、「当裁判所は、婚姻外の出生に基づく差別を正当化するいかなる理由も見いだせず、特定自然子はその者に起因しない事実を非難され得ない。」とし、出生に基づく差別につき例外のない否定的態度、すなわち個人の尊厳の不可侵性を宣言しているのである（判文第五四項）。これは、欧州人権条約に加盟していない我が国にとっても、嫡出でない子について出生を理由とする差別が個人の尊厳を損なうことの重大性を考慮する際の判断指標として大いに参考となるものである。

④　法廷意見は、前記のとおり、それが指摘するような本件規定の合理性に関する種々の事柄の変遷等が重要であり、これをも総合考慮した上で本件規定による差別は合理的根拠を欠くとしたものであるが、結局のところ、嫡出でない子の出生を理由とする区別が個人の尊厳を損なうことの重大性は一般に認識されるに至っており、その点を深刻に受け止めたことによるものである。すなわち、本件規定は、法律婚の尊重・保護という利益を守るための唯一かつ直接的な方法であるとはいえず、他方で、このように嫡出でない子の尊厳を損なう一因となり、その人権を軽視し、大きな憲法的な価値の損失を招くものであることが一般に認識されるという状況等の変遷が重要であり、これを比較衡量的な観点からみると、本件規定により失われる憲法的利益があまりにも大きくなり、合理的な比例関係が失われるに至ったのであり、もはや手段として相当とはいえなくなったのである。

これを、従前の判断指標を使って手段として合理的関連性を欠くとしてもよいが、これまでの合理的関連性のテストは、平成七年大法廷決定のように、論理的、形式的な視点からの立法裁量の逸脱濫用をチェックするという観点から行われてきたものであるので、この観点からは合理的関連性が一応肯定できるとすることになろう。その上で、更に、区別する方法の内容・性質が、憲法の理念や普遍的な人権思想に照らし、合理的な比例関係を是認できるのかという更にもう一つの合憲性審査の判断枠組みないし指標を用いて、すなわち、区別する方法自体も相当かどうかという実質的な観点からチェックも行うことが必要となってきたものと考える。

そうすると、本件規定の法定相続分の区別を設けるという方法は、前記マズレク判決の判示するとおり、方法それ自体が個人の尊厳を本質的に損なう性質を有している相当性を欠くものであって、合理的な比例関係を欠き、立法裁量の逸脱濫用であるというべきであろう。

(3) 国民の意識をどう捉え評価するべきか

この点については、次のように考えられる。

前記のとおり、内閣府が行った「家族の法制に関する世論調査」の集計表二四では、法定相続分に着目した質問に対する回答として、嫡出でない子の相続分につき、現在の制度を変えない方がよいという考えの者が三五・六パーセントを占めており、同じにすべきだ（制度を変えるべきだ）とする者は二五・八パーセントに止まっている。また、法廷意見にあるとおり、平成二三年でも、嫡出でない子の出生数は増加傾向にあるとはいえ、いまだ二・二パーセントにすぎず、婚姻届を提出するかどうかの判断が第一子の妊娠と深く結び付いているとみられるなど（いわゆる「できちゃった婚」である。）、我が国において、依然として法律婚を尊重する意識は幅広く浸透していることがうかがわれる。

ところが、前記の内閣府の調査のうち「嫡出でない子の法律上の取扱い」（集計表二三（Q一四））という一般的なテーマの形にして聞いてみると、「配偶者以外の異性との間に生まれた子どもであっても、生まれてきた子どもに責任はないのだから、そのことだけで子どもについて不利益な取扱いをしてはならない」という考え（平等に扱うべきであるという考え）をとった者の割合は、六〇・八パーセントであり、「正式な婚姻をした夫婦が配偶者以外の異性との間に子どもをもうけることはよくないことをはっきりさせて正式な婚姻を保護すべきであり、そのためには、配偶者以外の異性との間に生まれてくる子どもについて、ある面において不利益な取扱いをすることがあってもやむを得ない」とする考えをとった者の割合は一五・四パーセントに止まっている。

ここでは、集計表二四と集計表二三との各アンケート結果は、一見すると相矛盾する国民の意識があることを示しているようにも思われる。しかし、集計表二三は、相続分という特定のテーマを離れて意見を問うものであり、その結果は、嫡出でない子の、「個人としての尊厳」に着目し、不利益な取扱いをしてはならないとする意識が圧倒的な多数となっていると見るべきであって、国民全体として個人の尊厳を重んじ、出生による区別に反対する意識が他を凌駕している状況を示しているのである。このように見ると、法定相続分で区別することの賛否は、法律婚の保護・尊重という国民から支持されている意識を踏まえた意見であるとしても、そのための「方法」は子の個人としての尊厳に関わるものであるので、合理的な比例関係を欠く不相当なものとされたということが明らかに看て取れるといえよう。

以上によれば、今後、憲法の平等原則の合憲性審査基準は、区別の方法自体の相当性にも着目して審査していくべきテーマであるかどうかをも検討する必要があり、そして、今日の状況によれば、その必要が肯定されるテーマが増えてくることが当然に予想されるところである。

三　再婚禁止期間規定違憲大法廷判決

1　再婚禁止期間規定違憲大法廷判決が採用した合憲性審査基準の理解

このテーマは、『違憲審査――その焦点の定め方』九一頁以下で一定の説明をしているが、今日の社会において憲法の平等原則の重要性が増してきており、法令による区別の憲法的な意味合いをどう捉えるかは、新しい意味と価値を有する状況になっているように思われるので、改めて考えを述べてみたい。

(1)　事案の概要と合憲性の判断

①　本件の事案の概要は、次のとおりである。

民法七三三条一項は、女性についてのみ前婚の解消又は取消しの日から六か月の再婚禁止期間を定めており、これによって、再婚する際の要件に関し男性と女性とを区別している点が、憲法一四条一項、二四条二項に違反するかどうかが争われた。この再婚禁止期間の措置は、民法七七二条が婚姻の成立の日から二〇〇日を経過した後又は婚姻の解消等の日から三〇〇日以内に生まれた子を婚姻中に懐胎したもので夫の子と推定していることとの関係で生ずる父性の推定の重複を回避するところにある。すなわち、前婚の解消等と同時に後婚が成立すると、一〇〇日間は前夫の子との推定と後夫の子との推定が重複してしまうので、その不都合を回避するために再婚禁止の規制をしたものである。問題は、再婚禁止期間六か月のうち一〇〇日を超える分は、父性の推定の重複を回避するために必要な規制とはいえないこと等から、この措置に合理性が認められるかが問題となった。

② この大法廷判決は、合憲性審査の基準として、いわゆる合理的関連性のテストを用い、立法目的は、再婚後に生まれた子について父性の推定の重複を回避し、父子関係を巡る紛争の発生を未然に防止することにあるとした上、一〇〇日までの再婚禁止期間の定めは合理的関連性を認め得るが、それを超える部分については認め得ないとし、法令の一部（一〇〇日を超える分）を違憲とした。

(2) 多数意見の違憲判断に付加した私の補足意見

私は、前記の嫡出でない子の法定相続分の区別を違憲とした大法廷決定の合憲性審査基準について、手段自体の相当性についても合憲性審査を行う判断指標が必要であると述べたが、ここでも、これとの関連で合理的な関連性があるとされた一〇〇日間であっても（そもそも）「再婚を禁止する期間を設けること自体」の問題について、補足意見を述べており、そのさわりを紹介しておきたい。

(i) 本件において、六か月間のうち一〇〇日の女性の再婚を禁止する期間を設ける部分については、父性の重複を回避するという立法目的との関連において目的達成の手段としての合理性は理論的には当然に認められるところである。ところで、従前、最高裁は、法律上の不平等状態を生じさせている法令の合憲性審査においては、このように、立法目的の正当性・合理性とその手段の合理的な関連性の有無を審査し、これがいずれも認められる場合には、基本的にはそのまま合憲性を肯定してきている。これは、不平等状態を生じさせている法令の合憲性の審査基準としては、いわゆる精神的自由を制限する法令の合憲性審査のように、厳格な判断基準を用いて制限することにより得られる利益と失われる利益とを衡量して審査するなどの方法ではなく、そもそも国会によって制定された一つの法制度の中における不平等状態であって、当該法制度の制定自体は立法裁量に属し、その範囲は広いため、理論的形式的な意味合いの強い前記の立法目的の正当性・合理性とその手段の合理的関連性の有無を審査する方法を採ることで通常は足りるはずだからである。

(ii) しかしながら、立法目的が正当なものであっても、その達成手段として設定された再婚禁止期間の措置は、それが一〇〇日間であっても、女性にとってその間は再婚ができないという意味で、憲法上の保護に値する結婚をするについての自由に関する利益を損なうことになり、しかも、多数意見の指摘するとおり、今日、晩婚化が進む一方で、離婚件数及び再婚件数が増加する状況があり、再婚への制約をできる限り少なくするという要請が高まっている事情の下で、形式的な意味で前記の手段に合理的な関連性さえ肯定できれば足りるとしてよいかは問題であろう。このような場合、立法目的を達成する手段それ自体が実質的に不相当でないかどうか（この手段の採用自体が立法裁量の範囲内といえるかどうか）も更に検討する必要があるといえよう。多数意見の判決文が、「婚姻に対する直接的な制約を課すことが内容となっている本件規定については、その合理的な根拠の有無について以上のような事柄の性質を十分考慮に入れた上で検討をすることが必要である。」と述べているのは、この趣旨をも含めた説示であろう。

(iii)　本件規定については、多数意見は、前記のとおり、その立法目的を、直接的には「父性の推定の重複を回避する」と明示しているため、本件については、正に、立法目的の合理性、手段の合理的関連性の有無について明示的な審査を行っており、その際、「手段として不相当でないかどうか」（手段の相当性の有無）の点も、事柄の性質を十分考慮に入れた上で、合理的な立法裁量権の行使といえるか否かという観点から検討しているものといえる。

(iv)　以上を前提に、手段の相当性の有無について更に付言すると、女性に対し再婚禁止期間を設けることについては、たとえ一〇〇日間であっても女性が被る不利益は重大であり、再婚禁止期間の設定自体が手段として不相当であり、女性に対する不合理な差別的内容となっているとした上、再婚禁止期間を設けるのではなく、父性の推定の重複する事態が生じた場合には、子と後夫ないし前夫らのＤＮＡ検査の実施や、父を定めることを目的とする訴えの提起、その制度の拡充等の方法で対処すべきであるとする見解があろう（本大法廷判決における鬼丸かおる裁判官の意見参照。）。多数意見でも触れているとおり、諸外国においても、このような再婚禁止期間の制度を設けていない国は少なくなく、立法政策としてはあり得るところである。

(v)　もっとも、これによると、推定の重複が生ずると、子が出生した時点では法律上の父が定まらないため、ＤＮＡ検査の実施や父を定めることを目的とする訴え等によることになるが、これでは法律上の父の決定がかなり遅れる事態も想定される（女性と後夫との関係が悪化し、協力が得にくくなっていたり、訴訟が遅延する事態もあり得よう。）。この点は、正に、多数意見が指摘するように、生まれた子の福祉の観点から不都合な事態が起こることも想定され、子の利益に反するものである。

以上によれば、どちらの制度にも、一方は女性の自由な婚姻の利益を一定程度損なうこととなり、他方は生まれた子の利益に反する事態が生ずるという問題があり、いずれも利害得失があって、当然に一方が他方を凌駕する合理性を有するものと評価することはできない。そうであれば、前者の制度、すなわち、本件規定のうちの一〇〇日の再婚禁止期間を定めるという手段が不相当で国会の立法裁量を逸脱濫用し違憲であると評価することはできない。

２　再婚禁止期間規定と婚姻の自由の尊重

以上紹介したように、多数意見は、一〇〇日の再婚禁止期間を定めることが、父性の推定の重複を回避し、父子関係を巡る紛争の発生を未然に防止するために必要な措置であり、国会の立法裁量として逸脱濫用があるとはいえないとした。しかしながら、婚姻の自由を一定期間禁止することの重大性、特に晩婚化が進む今日的な状況に鑑み、妊娠・出産の機会を狭めることとなる再婚禁止期間の設定の不利益性を改めて考えると、他の代替手段が期待されるところであり、例えば、科学技術の革新により簡易迅速なＤＮＡ鑑定が可能になるのであれば、再婚を一定期間禁止する手段の相当性については、将来判断が変わる可能性もあり、この点は、常に注視し続けていくべきテーマであろう。

前記のとおり、多数意見が、わざわざ「婚姻に対する直接的な制約を課すことが内容となっている本件規定については、その合理的な根拠の有無について以上のような事柄の性質を十分考慮に入れた上で検討をすることが必要である。」と付言しているが、この判示の先に裁判官が見ていた世界は、婚姻の自由を尊重し、制約を可能な限り制限的なものとしていく社会の姿であり、その実現を可能にする科学技術の革新や制度の適宜な整備が求められるのであって、この付言からは、控えめではあるが、このような未来に向けた司法部としてのメッセージを読み取ることができるように感じられる。

おわりに

　戦後七〇年を超える最高裁の憲法判例の軌跡を辿ると、事件とその背景事情が、一つ一つ時代を特徴付けた大きな出来事であったことを改めて感じさせてくれる。戦後、我が国社会は、戦争による荒廃から立ち上がり、復興と繁栄を目指し、国際的な政治状況のめまぐるしい変容や幾多の未曾有の災害経験を経ながら走り続けてきたが、戦後新しく誕生した司法部も、七〇年余の歳月と伴に走り続けてきたのである。本書は、そのような司法部の足跡の中で、最高裁の憲法判例を形成してきた裁判官が、事件の適正な解決を求めながら、その視線は何を見ていたのか、その先に、どのような世界の到来を願い、悩み続けてきたのかを、私なりの検討を通じて探り出そうとしたものである。

　このような最高裁の憲法判例の形成の背景事情やその判断に裁判官がどのような思いを込め、その先に訪れるどのような世界を見ていたのかは、それを直接明らかにする資料等は極めて限られており、そのような視点からの政治学的、社会学的、あるいは歴史学的な学問的研究もほとんどない状況にある。私の本書での紹介も、実証的な裏付けが乏しいことは認めざるを得ないところである。

　しかし、私自身の裁判官の経験からしても、裁判は、訴訟資料だけでなく、裁判官が考慮すべき多数の諸事情、すなわち、将来の社会に対する見通し、憲法の理念の理解、政治や社会のダイナミズムを支配する諸要素とその評価、当事者の心の叫び等を複眼的な眼で見ながら、適正な解決、あるべき法の支配の姿が何かを、常に悩みながら模索し続けることでしか結論を出すことはできないものである。最高裁の憲法判例については、多数意見はもちろん、各裁判官の個別意見を虚心になって読み、考えることでしかその裁判官の声を聴き取ることはできない。そして、私自身も、何がより良い解決なのか、正義はどこにあるのかを、悩みながら裁判官生活を四五年間に亘り送ってきたが、能力不足のせいか、正解と思える結論に辿り着くまでには時間がかかり、ほとんど毎晩のように、事件の夢を見続けてきたという思い出がある。

そこで、私としては、最高裁の憲法判例について、学者等がその概要を紹介し分析したものから理解するだけではなく、直接、判決文全文を丁寧に読み下していくこととしたのであるが、そうすると、その行間からにじみ出る各裁判官の熱い思いとその判断の先にどのような世界を見ていたのかを感じさせられることがあり、心を打たれることが多い。本書は、裁判官が、司法部の立ち位置を複眼的に見ながら、悩み考え抜いたその先に見ていた世界を私なりの理解で描いたものであるが、その世界を覗いて見る喜びを、読者の皆様と共有できたのであれば、望外の幸せである。

なお、私は、本書でも度々登場する司法研究報告書「欧米諸国の憲法裁判制度について」を当時の矢口洪一最高裁長官からの指示で仲間と共にまとめた後、その報告書を読まれた長官から、これに続いて我が国の最高裁の憲法裁判をテーマに続編を書いてはどうかと御示唆を受けたことがあった。しかし、私としては、我が国の戦後の最高裁憲法判例についての知識は乏しく、とても任に堪えないことであるとして、お許しをいただいたことがある。あれから三〇年の歳月が流れたが、本書が、当時の御示唆に適うものになっているかどうかは、極めて心許ないが、私の長年の小さな心残りが少し軽くなったようにも感じられるのである。

事項索引

あ　行

アール・ウォーレン………………34, 138
ILO ドライヤー報告　……………96, 126
あおる行為　……………………………106
荒れる法廷…………………………60, 133
意　見　………………………………5, 227
違憲状態　………………………149, 156
違憲立法審査権……33, 69, 76, 79, 86, 90, 91, 98, 109, 110, 122, 158, 159, 167, 183
一億総中流意識　………………………171
一見極めて明白に違憲無効　……186, 222
一見極めて明白に違憲無効であると認められない限りは　……………217, 223
一般法理……………………………………17
岩教組学テ事件……………………97, 105
ウォーレン・コート　………162, 166, 174
LRA の原則　……………………………13
欧州人権裁判所　………………………248
欧州人権条約　…………………………249
「欧米諸国の憲法裁判制度について」（司法研究報告書）…………………259

か　行

議員定数配分規定……137, 143, 146, 147, 157, 158, 159, 160, 161, 163
客観訴訟　…………………136, 141, 145
区別の方法自体の相当性　……………252
軽罪裁判所（Tribunal Correctionnel）…………………………………56, 63
経済的，社会的及び文化的権利に関する国際規約　…………………………247
ゲオルク・イェリネック　……………201
血統主義……………………………………88
厳格な基準……………………11, 13, 43
憲　法
——9条1項　…………………184, 197
——9条2項　………185, 187, 197, 204
——98条2項　…………………………186
憲法慣行　………………………………231
憲法の変遷　……………………………201
合憲限定解釈　…………………106, 108
合憲性審査基準　………………………11, 14
公選法
——204条　…………143, 160, 163, 164
——205条1項　………………139, 160
衡平法（エクイティ）…………………33
公務員の争議行為　………96, 97, 105, 107
公務員の労働基本権…101, 105, 107, 109, 113, 124, 128
合理的関連性　…………………………73, 79
合理的関連性のテスト………12, 72, 236, 239, 243, 253
合理的期間　……………………145, 156
合理的期間内の是正　…………156, 157
合理的な比例関係　……………248, 249
公労法17条1項…100, 102, 108, 113, 116, 117, 119, 125, 133
国際人権規約………………………40, 247
国籍法3条1項…………………74, 83, 88

国籍法違憲訴訟……………………………69
国民との距離…………………………………59
国民の意識 ………………………244, 250
　変遷する―― ……………………………234
国連安全保障理事会 ……………196, 197
五五年体制 ………………………170, 172
個人としての尊厳 ………………238, 251
個人の尊厳 …………………243, 244, 247
婚姻の自由の尊重 ……………………257

さ　行

再婚禁止期間 ………………234, 253, 255
再婚禁止期間規定違憲訴訟 ……233, 252
裁判員裁判……………………………………67
裁判員制度……………………………………65
裁判官としてのエートス……………………65
裁判官の思考方法……………18, 223, 224
裁判官のマスコミ研修………………………64
参議院議員定数訴訟 …………………140
三段論法的な思考 ……………………224
サンフランシスコ平和条約 …………177
市営住宅暴力団排除事件……………………24
自衛のための戦力の保持 ………185, 187
事情判決の法理 ……………146, 161, 165
児童の権利に関する条約 ………242, 247
司法消極主義 ……………………………189
司法のオーバーラン ……………………176
司法の危険 ………………………………134
司法部の立ち位置… ii, iii, 4, 7, 10, 28, 32, 34, 37, 54, 59, 67, 71, 79, 82, 99, 109, 123, 126, 135, 174, 183, 232
市民的及び政治的権利に関する国際規約 ………………40, 42, 46, 49, 242, 247
衆議院議員定数訴訟 ……………………145
衆議院の解散 ……………………………210
自由権規約委員会 ………………………242
集団的安全保障 …………………………207
主観訴訟 …………………………………136
手段自体の相当性 ………………………253
準　正………………………………33, 70, 72
準正要件…………………76, 80, 82, 83, 84
事例判例……………………………………17
人口比例主義 ……………………………154
神聖な場……………………………………58
砂川事件 ……………………………179, 216
政治的な閉塞感 …………………………170
政治の安定性 ……………………………150
政治問題の理論 ……………98, 144, 147, 181, 189, 217
精神的自由…………………………………25
制度的保障…………………………………42
全司法仙台支部事件………………96, 104
全逓東京中郵事件………96, 100, 110, 132
全逓名古屋中郵事件…………97, 108, 117
全農林警職法闘争事件……………97, 104

た　行

対立法府との間のキャッチボール……36
多数意見 ……………………4, 8, 109, 204
力の空白状態 ……………………………208
地公法 37 条 1 項…………………………103
嫡出でない子………………………………74
　――の法定相続分の区別 …………235
嫡出でない子法定相続分違憲訴訟　233
抽象的な規範統制…………………87, 188
跳躍上告 …………………………………180
DNA 検査の実施 ………………………256
定数訴訟…………137, 141, 143, 145, 148, 153, 155, 160, 164

定数配分規定　→議員定数配分規定
統治行為論　………98, 99, 144, 147, 181, 189, 191, 192, 196, 200, 202, 208, 214, 220
投票価値の較差　……………137, 138, 158
投票価値の最大較差　…………………145
投票価値の平等……………146, 148, 159, 160, 171, 173
投票価値の不平等　……………………137
都教組事件…………………………96, 103
苫米地事件　……………………………210
ドレッド・スコット事件…………35, 230

な　行

内閣の助言・承認　……………………228
内閣不信任案の提出　…………………211
七条解散　……………………212, 224, 231
成田新法事件　…………………………12, 23
馴れ合い解散　…………………………211
二重のしぼり　…………103, 105, 106, 107
日米安保条約　…………………………178
抜き打ち解散　…………………………212

は　行

場合判例…………………………………17
八増七減（衆議院定数配分規定の改正）…………………………………………176
鳩派的人権思想　………………………103
反対意見　…………5, 81, 83, 109, 132, 153
判例法理　……………………16, 31, 224
非準正子…………………………………84
必要最小限度の原則　………………13, 23
一人別枠方式……………………………36
評議の実情（大法廷事件の）……………2
平等原則　…………………11, 78, 173, 233
複眼的な眼　……………………………7
付随的審査制………………15, 87, 98, 224
不明確ゆえに無効の原則………………13
平和主義………………184, 185, 190, 192, 196, 198, 204
　選択的――　………………197, 200, 204
　徹底した――　…………………197, 204
法原理機関　……………………………9
傍聴人のメモ　………………38, 46, 50, 53
法廷警察権………………………46, 49, 52
法廷闘争…………………………………96
法プラグマティズム……………………21
方法・手段の相当性……………………79
法律婚の尊重　…………………………237
保革の政治対立…………………………98
補足意見………………5, 12, 87, 182, 195, 204, 206, 245, 254
堀越事件…………………………………12

ま　行

マクロの視点　…………………………7
マズレク判決　…………………………248
ミクロの検討　…………………………7
明白かつ現在の危険の原則　………13, 23
目的・手段における必要かつ合理性の原則……………………………………13

や　行

郵便法 79 条 1 項…………………113, 116
「よど号乗っ取り事件」新聞記事抹消事件……………………………………22

ら　行

リーガルマインド　……………224, 225
利益衡量…………………………11, 13, 26

リチャード・ポズナー……………………21
立法裁量（立法府の）………69, 79, 83, 86
立法裁量権………………………………93
立法的措置 …………………………89, 91
立法目的…………………………………73
例外付きの変型的統治行為論 …221, 225
レペタ法廷メモ事件……………………38
労組法1条2項…100, 102, 114, 115, 118, 119, 122, 125, 133
ローレンス・レペタ……………………40

判例索引

最一小判昭和27年12月4日民集6巻11号1103頁 ……137
最大判昭和28年4月8日刑集7巻4号775頁（政令201号事件）……101
最大判昭和34年12月16日刑集13巻13号3225頁（砂川事件）…35, 177〜, 216〜
最大判昭和35年6月8日民集14巻7号1206頁（苫米地事件）……210〜
東京高判昭和37年4月18日行裁集13巻4号514頁……138, 140, 147
最二小判昭和37年4月27日民集16巻7号1247頁……73
東京高判昭和38年1月30日行裁集14巻1号21頁（参議院議員定数訴訟二審）……142
最二小判昭和38年3月15日刑集17巻2号23頁（国鉄檜山丸事件）……101
最大判昭和39年2月5日民集18巻2号270頁（参議院議員定数訴訟）……140〜
最三小判昭和41年5月31日集民83号623頁（参議院議員定数訴訟）……144
最大判昭和41年10月26日刑集20巻8号901頁（全逓東京中郵事件）……35, 96, 100〜, 110〜, 122, 125, 128, 129, 132
最大判昭和44年4月2日刑集23巻5号305頁（都教組事件）……96, 103, 106
最大判昭和44年4月2日刑集23巻5号685頁（全司法仙台支部事件）……96, 104, 106, 128
最大判昭和48年4月4日刑集27巻3号265頁（尊属殺事件）……127, 236
最大判昭和48年4月25日刑集27巻4号547頁（全農林警職法闘争事件）……97, 104, 128
最一小判昭和49年4月25日集民111号641頁（参議院議員定数訴訟）……144
最大判昭和51年4月14日民集30巻3号223頁（衆議院議員定数訴訟）……141, 144, 145〜, 153, 168〜
最大判昭和51年5月21日刑集30巻5号1178頁（岩教組学テ事件）……97, 105
最大判昭和52年5月4日刑集31巻3号182頁（全逓名古屋中郵事件）……97, 108, 117〜, 134
最二小判昭和57年3月12日民集36巻3号329頁 ……52
最大判昭和58年6月22日民集37巻5号793頁（「よど号乗っ取り事件」新聞記事抹消事件）……14, 22
最大判昭和58年11月7日民集37巻9号1243頁（衆議院議員定数訴訟）…153, 175
最大判昭和59年12月12日民集38巻12号1308頁（税関検査事件）……14
最大判昭和60年7月17日民集39巻5号1100頁（衆議院議員定数訴訟）……175

最二小判昭和 63 年 10 月 21 日民集 42 巻 8 号 644 頁（衆議院議員定数訴訟）……152
最大判平成元年 3 月 8 日民集 43 巻 2 号 89 頁（レペタ法廷メモ事件）…………38～
最大判平成 4 年 7 月 1 日民集 46 巻 5 号 437 頁（成田新法事件）………………12, 23
最大判平成 5 年 1 月 20 日民集 47 巻 1 号 67 頁（衆議院議員定数訴訟）…………152
最大決平成 7 年 7 月 5 日民集 49 巻 7 号 1789 頁（嫡出でない子法定相続分違憲訴訟）………………………………………………………………………………237, 246
最大判平成 20 年 6 月 4 日民集 62 巻 6 号 1367 頁（国籍法違憲訴訟）………………………………………………………………33, 69～, 236, 237
最大判平成 23 年 3 月 23 日民集 65 巻 2 号 755 頁（衆議院議員定数訴訟）……36, 155
最二小判平成 24 年 12 月 7 日刑集 66 巻 12 号 1337 頁（堀越事件）……………12, 226
最二判平成 24 年 12 月 7 日刑集 66 巻 12 号 1722 頁（世田谷事件）…………………12
最大決平成 25 年 9 月 4 日民集 67 巻 6 号 1320 頁（嫡出でない子法定相続分違憲訴訟）……………………………………………………………………233, 235～, 91
最二小判平成 27 年 3 月 27 日民集 69 巻 2 号 419 頁（市営住宅暴力団排除事件）………………………………………………………………………………………24
最大判平成 27 年 11 月 25 日民集 69 巻 7 号 2035 頁（衆議院議員定数訴訟）………………………………………………………………………………149, 155
最大判平成 27 年 12 月 16 日民集 69 巻 8 号 2427 頁（再婚禁止期間規定違憲訴訟）…………………………………………………………………………233, 252～
最二小決平成 28 年 8 月 1 日刑集 70 巻 6 号 581 頁……………………………………66

著者紹介

千葉勝美（ちば　かつみ）

元最高裁判所判事・弁護士
1970年東京大学法学部卒業。1972年判事補任官後，東京地裁判事，最高裁秘書課長・広報課長，最高裁民事局長・行政局長，最高裁首席調査官，仙台高裁長官を経て，2009年12月から2016年8月まで最高裁判所判事。
主著として，『違憲審査――その焦点の定め方』（有斐閣，2017年）。

憲法判例と裁判官の視線
――その先に見ていた世界

2019年10月10日　初版第1刷発行
2020年 9 月30日　初版第2刷発行

著　者　千　葉　勝　美
発行者　江　草　貞　治
発行所　株式会社　有　斐　閣
〒101-0051
東京都千代田区神田神保町2-17
(03)3264-1314〔編集〕
(03)3265-6811〔営業〕
http://www.yuhikaku.co.jp/

印刷　株式会社理想社／製本・大口製本印刷株式会社

ISBN 978-4-641-22777-4